महागाथा वृक्षों की

महागाथा वृक्षों की

प्रतिभा आर्य

राधाकृष्ण प्रकाशन

ISBN : 978-81-7119-317-2

महागाथा वृक्षों की

पहला संस्करण : 1997
पहली आवृत्ति : 2022

मूल्य : ₹495

प्रकाशक
राधाकृष्ण प्रकाशन प्राइवेट लिमिटेड
जी-17, जगतपुरी, दिल्ली-110 051

शाखाएँ : अशोक राजपथ, साइंस कॉलेज के सामने, पटना-800 006
पहली मंजिल, दरबारी बिल्डिंग, महात्मा गांधी मार्ग, प्रयागराज-211 001
1, अनमोल सोराबजी संतुक लेन, धोबी तलाव, मरीन लाइंस, मुम्बई-400 002

वेबसाइट : www.radhakrishnaprakashan.com
ई-मेल : info@radhakrishnaprakashan.com

मुद्रक
बी.के. ऑफसेट
नवीन शाहदरा, दिल्ली-110 032

MAHAGATHA VRIKSHON KI
by Pratibha Arya

सकल जीव-जन्तु
के
परम आह्लादकारी
मौन वृक्षों के लिए
समर्पित
यह महागाथा

क्रम

अभिमत

सृष्टि के आदिकाल से वनस्पति और प्राणिजगत् में अटूट संबंध रहा है। वनस्पतियों के फूल, फल, पत्ते, छाल, जड़ और लकड़ी आदि सभी अवयवों का उपयोग निरंतर होता आ रहा है। वृक्षों की उपयोगिता तो अनेकविध है। इमारती सामान के अतिरिक्त वृक्ष, ईंधन के रूप में सर्वाधिक प्रयुक्त होनेवाला उपयोगी पदार्थ है। वृक्ष, भू-क्षरण रोकने, छाया प्रदान करने, मरुभूमि को उर्वरा बनाने, वर्षा में सहायक होने, पर्यावरण के प्रदूषण को कम करने तथा औषधि रूप में काम आने के कारण हमारा जीवन साथी है। वानस्पतिक रस तो अनेक रोगों के निवारण में काम आते हैं। वनस्पति और वृक्ष का कोई भी भाग ऐसा नहीं है जो हमारे काम न आता हो। यज्ञ-हवन में पलाश, शमी, पीपल, बरगद, बेल, आम, नीम आदि के पत्तों का समिधा के रूप में वायु शुद्धि के लिए उपयोग होता है।

जिन वनस्पतियों से हमें फल नहीं मिलते उनके फूल और पत्ते हमें अनेक प्रकार से लाभान्वित करते हैं। कहना न होगा कि फूलवाले वृक्ष केवल सौंदर्य और सौरभ ही नहीं, प्राणदायिनी शक्ति भी देते हैं। हम ऐसे उपयोगी वृक्षों के स्वरूप को नहीं जानते, अतः उनके महत्त्व से भी अपरिचित बने रहते हैं। फूलवाले वृक्ष हमारे चारों तरफ फैले हैं किंतु हम उनके वास्तविक सौंदर्य को भली भाँति परख नहीं पाते। यदि हम इनके रूप, गुण, सुगंध और सौष्ठव को समझ सकें तो इनके उपयोग को भी समझ सकेंगे। इस समझ के लिए इनकी गुणवत्ता की परख आवश्यक है।

श्रीमती प्रतिभा आर्य विगत तीस-पैंतीस वर्षों से वनस्पतियों के निकट संपर्क में रहकर उनके स्वरूप को समझने में संलग्न हैं। उन्होंने अपने घर के उद्यान और किचिन-गार्डन में नाना प्रकार की वनस्पतियों को लगाकर इनके उद्‍भव और विकास का पूरी तरह अध्ययन किया है। केवल सामान्य शौक (हॉबी) की तरह नहीं अपितु उपयोगिता के स्तर पर पेड़-पौधों से अपना अंतरंग रिश्ता जोड़कर उन्हें जीवन साथी की तरह स्थान दिया है। इन पेड़-पौधों के विषय में प्राचीन ग्रंथों में जो वर्णन मिलता है उसका भी विधिवत् अध्ययन इनके दैनिक जीवन का अंग बन गया है।

पिछले कुछ वर्षों से श्रीमती आर्य कतिपय लाभप्रद पुष्प वृक्षों का वैज्ञानिक पद्धति से अध्ययन कर रही हैं और अपने अध्ययन के आधार पर उनका विस्तारपूर्वक परिचय पत्र-पत्रिकाओं में लिखती रही हैं। प्रस्तुत पुस्तक में हरसिंगार, पलाश,

शाल्मली, वट, पीपल, नीम आदि पुष्प वनस्पतियों का वर्णन है। इन वनस्पतियों से हम यों तो परिचित हैं किंतु इनके गुणात्मक महत्त्व को नहीं जानते। श्रीमती आर्य ने पहली बार सामान्य पाठक के लिए इन पुष्प वृक्षों एवं वनस्पतियों के रूप, गुण, सौरभ और सौंदर्य का वर्णन प्रस्तुत कर उन्हें हमारे लिए उपयोगी बना दिया है। इस प्रकार की रचना से पर्यावरण और प्रदूषण के संबंध में वृक्षों की उपयोगिता पर प्रकाश पड़ता है। वृक्ष तो प्राकृतिक रूप से प्रदूषण-रोधी होते हैं, वातावरण को स्वच्छ रखने में इनका स्वाभाविक रूप से योगदान है। यदि इन वृक्षों के संबंध में हमें सही जानकारी हो तो वृक्षों के उन्मूलन, उच्छेदन आदि की समस्या का समाधान सहज ही निकल सकेगा। वनस्पति और प्राणी दोनों एक-दूसरे पर निर्भर हैं अतः वृक्षों की रक्षा हमारा कर्तव्य है। वृक्ष रक्षा का यह कार्य वृक्षों की उपयोगिता के ज्ञान से ही संभव है। मैं इस महत्त्वपूर्ण कार्य की दिशा में प्रवृत्त श्रीमती प्रतिभा आर्य को बधाई देता हूँ और आशा करता हूँ कि भविष्य में वह इस शुभ कार्य में और अधिक तन्मयता तथा उत्साह से संलग्न रहेंगी।

–विजयेन्द्र स्नातक

लेखकीय

पश्यतैतान् महाभागान्, परार्थैकान्तजीवितान्।
वातवर्षातपहिमान् सहन्तो वारयन्ति नः।।
अहो एषां वरं जन्म सर्वप्राण्युपजीवनम्।
सुजनस्येव येषां वै विमुखा यान्ति नार्थिनः।।
पत्रपुष्पफलच्छायामूलवल्कलदारुभिः।
गन्धनिर्यासभस्मास्थितोक्मैः कामान् वितन्वते।।

—श्रीमद्‌भागवतपुराण

देखो ! ये वृक्ष कितने भाग्यवान् हैं। इनका सारा जीवन केवल दूसरों की भलाई के लिए ही है। ये स्वयं तो हवा के झोंके, वर्षा, धूप और पाला, सभी कुछ सहते हैं, परंतु उनसे हम लोगों की रक्षा करते हैं। मैं कहता हूँ कि इन्हीं का जीवन सबसे श्रेष्ठ है क्योंकि इनके द्वारा सब प्राणियों को सहारा मिलता है, उनका जीवन निर्वाह होता है। जैसे किसी सज्जन पुरुष के घर से कोई याचक खाली हाथ घर नहीं लौटता है वैसे ही इन वृक्षों से सभी को कुछ न कुछ मिल ही जाता है। ये अपने पत्ते, फूल, फल, छाया, जड़, छाल, लकड़ी, गंध, गोंद, राख, कोयला, अंकुर और कोंपलों से भी लोगों की कामना पूर्ण करते हैं।

श्रीमद्‌भागवतपुराण की उपर्युक्त उक्ति कितनी सुंदर है। प्रकृति की महानतम और श्रेष्ठतम सृष्टि—ये वृक्ष, विभिन्न आकार-आकृतियोंवाले, अपनी जड़ों द्वारा धरती को जकड़कर रोके हुए, लंबे, गोल, गुंबदाकार, छत्रनुमा, त्रिकोणात्मक, देवदारु-शाल्मली सदृश आकाश की ऊँचाइयों को छूने का प्रयत्न करते सैकड़ों वर्ष की आयुवाले, ऊँचे-ऊँचे वृक्ष। उत्तर में हिमालय को घने वनों द्वारा आच्छादित करनेवाले वृक्ष, तो सुदूर दक्षिण में समुद्र की लहरों का स्पर्श करते लंबी छरहरी तन्वंगी सदृश नारियल सुपारी के वृक्ष, पश्चिम की मरुस्थलीय भूमि को प्राण देनेवाले शमी, रोहेड़ा, और करील जैसे सुंदर वृक्ष तो पृथ्वी को औषध, फल-फूल प्रदान करनेवाले नीम, बिल्व, आम, अमलतास, मौलश्री जैसे सुंदर सुगन्धित वृक्ष। धरती की रोमावलि सदृश, भूमा का सौंदर्य और अखिल ब्रह्मांड के प्राणिजगत् का जीवन, प्राण सभी कुछ तो हैं—ये वृक्ष।

संस्कृत में वृक्ष का अर्थ है भूमि को विदीर्ण करनेवाला। इसके लिए और भी संबोधन हैं जैसे विटप अर्थात् दूर-दूर तक विस्तार पानेवाला, पादप अर्थात् पैरों से पानी पीनेवाला, महीरुह, पृथ्वी से उत्पन्न होनेवाला—ये सभी नाम वृक्षों के शक्तिशाली चरित्र और स्वभाव

की ओर संकेत करते हैं। अथर्ववेद में कहा गया है कि वृक्ष खड़े-खड़े सो जाते हैं :

अस्थुर्वृक्षा ऊर्ध्वस्वप्नास्तिष्ठांद्।

वृक्षों का एक नाम चैत्य भी है और यह उनके मंगलमय, कल्याणकारी व्यक्तित्व की ओर संकेत करता है और वृक्ष का यही दह दिव्य व शुभकारी रूप है जिसकी पूजा युगों से हमारे यहाँ होती आ रही है। **श्रीमद्भागवतपुराण** में तो शरीर की तुलना वृक्ष से की गई है–

सत्यं पुष्पफलं विद्यादात्मवृक्षस्य गीयते।।

अर्थात् शरीर एक वृक्ष है और सत्य ही इसका फलफूल है। ये वृक्ष घृणा, स्पर्द्धा, लोभ, मोह से दूर रहकर निःस्वार्थ सेवा, त्याग, परोपकार, निःस्पृहता, सर्वस्व देने को ही आतुर नहीं, बल्कि भस्म हो जाने तक दूसरों की भलाई करते रहते हैं। भला कोई मानव गुणों की इतनी ऊँचाई तक पहुँच सका है ? संतों, मनीषियों ने तो मानव को वृक्ष जैसा बनने को कहा है... पर क्या वृक्ष बनना आसान है ?

यजुर्वेद में वनस्पतियों के देवता के लिए एक अत्यंत मनोहर प्रार्थना आती है–

अतस्त्वं देव वनस्पते शतवल्शो विरोह सहस्त्रवलशा वि वयं रुहेम।''

अर्थात् हे वनस्पति देव ! इस स्थान में तुम सैकड़ों वर्ष वाले होकर विशेष रूप से बढ़ते रहो, हम भी इस यज्ञ-कार्य के बल सहस्त्रों प्रकार के धन से सम्पन्न हों। वृक्षों, वनस्पतियों, औषधियों के प्रति एक श्रद्धा भाव लिए उनसे कल्याण कामना की जाती थी। वैदिकयुगीन मानव प्रकृति के प्रति अत्यंत अनुगृहीत थे। अखिल ब्रह्मांड में विचरण करते सूर्य, चंद्र ही नहीं, नदी, समुद्र, पर्वत, मेघ, पानी, वनस्पति, औषधियाँ, पशु सभी को वे दिव्य शक्तियों से ओतप्रोत मानते ही नहीं थे, बल्कि वे उनकी वरदायिनी मंगलदायिनी क्षमता को भी स्वीकार करते थे। **स्कंदपुराण** में भी वनस्पतियों से मंगलकामना की अत्यंत हृदयस्पर्शी प्रार्थना मिलती है–

आयुर्बलं यशो वर्चः प्रजाः वसूनि च।
ब्रह्म प्रज्ञां च मेधां च त्वं नो देहि वनस्पते।। —**स्कंदपुराण**

हे वनस्पते ! आप मुझे आयु, बल, यश, तेज, संतति, पशुधन, वैदिक ज्ञान, प्रज्ञा और धारणा-शक्ति प्रदान करें। अब भला इतना सब यदि मानव को प्राप्त हो जाए तो फिर जीवन में क्या अपेक्षा ? वृक्षों से ऐसी प्रार्थना करना, उसमें व्याप्त शक्तियों का परिचायक रहा है। संसार के किसी धर्म अथवा सभ्यता में वृक्षों के प्रति ऐसी श्रद्धा व उनके दिव्य रूप की प्रतिष्ठा दिखाई नहीं देती। वृक्षों के प्रति इतनी आत्मीयता, इतनी आस्था भारतीय दर्शन और धर्म का मूल रहा है। आज भी विभिन्न अवसरों और उत्सव-पर्वों के अवसर पर, वट, अश्वत्थ, बिल्व, अशोक, नीम आदि वृक्षों की पूजा की जाती है। वृक्षों के प्रति इसी भाव व विश्वास के कारण वृक्षों का काटना घोर पाप ही नहीं ब्रह्म-हत्या के समान

माना जाता था–

असिपत्रवनं याति वनच्छेदी वृथैव चः।। –श्रीविष्णुपुराण

संभवतः इसीलिए वृक्ष कटने से बच गए और जीवित रहने का वरदान पा गए। वृक्षारोपण धर्म का एक महत्त्वपूर्ण अंग माना जाता था–

बहुभिर्बत किं जातैः पुत्रै धर्मार्थवर्जितैः।
वरमेकः पथि तरुर्यत्र विश्रमते जनः।।

अधर्मी पुत्रों की अपेक्षा सड़क के किनारे लगाया गया एक मात्र वृक्ष अधिक श्रेष्ठ है जिसकी छाया के नीचे थके पथिक विश्राम करते हैं। अतः धर्मशाला व मंदिर बनवाने के साथ-साथ वृक्षारोपण भी पुण्य का कार्य समझा जाता था। यही कारण था कि उस युग में धनी सेठ, राजा आदि कुएँ खुदवाने के साथ-साथ घनी छायावाले वृक्ष सड़क के किनारे लगाते थे। सम्राट अशोक व शेरशाह सूरी, अकबर का नाम वृक्षारोपण करनेवालों में सदा अविस्मरणीय रहेगा। वृक्षारोपण के सम्बन्ध में **महाभारत** में यह उक्ति आती है–

पुष्पैः सुरगणान् वृक्षाः फलैश्चापि तथा पितॄन्।
छायया चातिथिं तात पूजयन्ति महीरुहाः।।

वृक्ष फूलों से देवताओं की, फलों से पितरों की, व छाया से अतिथि का सत्कार करते हैं। इसलिए वृक्ष पूजनीय होते हैं।

हमारे देश में शाल्मली, पलाश, अमलतास, बकुल अश्वत्थ, अशोक आदि असंख्य सुंदर छायादार वृक्ष विद्यमान हैं। इनके विषय में अनेक मिथक व दंत कथाएँ भी मिलती हैं। पुराणों में वृक्षों के सम्बन्ध में असंख्य प्रसंग मिलते हैं। संस्कृत साहित्य में भी इनका अत्यंत मनोहारी, सुंदर वर्णन मिलता है। आज से हजारों वर्ष पूर्व लिखे **वाल्मीकि रामायण** एवं **महाभारत** में इनका अत्यंत जीवंत वर्णन मिलता है। यहाँ ध्यान देने योग्य विशेष बात यह है कि वेदों में वृक्षों के औषधीय, जीवनदाता, मंगलदायी रूप का वर्णन मिलता है, परंतु परवर्ती साहित्य में इनके मनोहारी सुंदर रूप का वर्णन होने लगा। 'राम का वनवास' हो अथवा पांडवों का, उनकी वन-यात्रा व वनवास, वृक्षों के सुंदर वर्णन से भरे पड़े हैं। ऋतुओं में विभिन्न वृक्षों का पुष्पित होना, फिर उनसे जुड़ी हमारी मान्यताएँ, आस्थाएँ, उत्सव, उल्लास भी कम नहीं। श्रीकृष्ण से जुड़ा कदंब, सीता से जुड़ा अशोक, शिव से जुड़ा बिल्व, कामदेव से जुड़े सहकार, अशोक, बकुल, विष्णु से जुड़े अश्वत्थ आदि हमारी प्राचीन काल से चली आ रही मान्यताओं के ही प्रतीक हैं। आज यदि हम वाल्मीकि **रामायण** एवं **महाभारत** अथवा महाकवि कालिदास के साहित्य में से वनस्पति एवं वृक्षोंवाला अंश निकाल दें तो वह केवल इतिहास रह जाएगा, काव्य अथवा साहित्य नहीं।

मानव जीवन रक्षा के उपादानों में भी वृक्षों का अत्यंत महत्त्वपूर्ण स्थान है। वैदिक साहित्य विशेषकर **अथर्ववेद** एवं **आयुर्वेद** में वृक्षों के औषधीय महत्त्व पर अनेकानेक मंत्र

भरे पड़े हैं। भारतीय वैद्यक पद्धति में सभी औषधियों का आधार वृक्ष ही हैं, पत्ते, फूल, फल, छाल, जड़ और इसकी भस्म का प्रयोग विभिन्न रोगों के उपचार में होता है। **सुश्रुत** व **चरक संहिता** और **माधवनिदान** तो एक प्रकार से वृक्षशास्त्र ही हैं। संसार की अप्रतिम वैज्ञानिक उपलब्धियों के बाद आज सभी वैज्ञानिक इन वृक्षों के औषधीय महत्त्व को जानकर वनस्पतीय औषधियों की ओर वापस लौट आए हैं। त्वचा का निखार हो या फिर रोग, आज विश्व में हर्बल दवाओं के नाम से ऐसी औषधियाँ खूब महँगी बिकती हैं। अभी हाल ही में भारतीय वृक्ष नीम को लेकर विश्व की बड़ी-बड़ी कंपनियाँ इसके उपयोग को पेटेंट कराने के फिराक में घूम रही हैं।

मानव जीवन में सौंदर्यनुभूति कराने से लेकर जीवनदान का बोध करानेवाले ये वृक्ष फिर भला क्यों उपेक्षित हो गए ? हमारे विकास की सभी योजनाओं का पहला प्रहार वृक्षों को ही क्यों झेलना पड़ता है ? जीवन की आपाधापी में व्यस्त हम जान नहीं पाते कि कब और कहाँ अमलतास खिल उठा ? मौलश्री, पारिजात की सुगंधित वर्षा का आनंद किसने जाना ? कड़वी नीम की मंजरी की सुगंध यद्यपि कड़वी परंतु कम मादक नहीं होती। भारतीय मूल के अगणित वृक्ष आज हमारे द्वारा निरंतर उपेक्षित हो रहे हैं। आज की संस्कृति मनीप्लांट और अरुकेरिया वाली ड्राइंगरूम की सजावट बनकर रह गई है। वृक्षों के हमारे अज्ञान के अलावा इसमें वे सब नर्सरीवाले भी सम्मलित हैं जो व्यापार की दृष्टि से आप के लिए पौधों का चुनाव करते और सलाह देते हैं। हम आज भी उद्यान व वाटिकाएँ लगाते हैं, परंतु उसमें कृत्रिमता अधिक है। हम आज प्रकृति से कटते जा रहे हैं। संभवत: इसी कमी को वर्षों पूर्व कवि गुरु रवींद्रनाथ ठाकुर ने अनुभव कर लिया था और इसीलिए वृक्षों की छाँव में **शांति निकेतन** की स्थापना करके शिक्षा क्षेत्र में क्रांति ला दी थी। भला वृक्षों से अधिक बड़ा और प्रकृति से अधिक सक्षम गुरु और कौन हो सकता है ? सप्तपर्णी की छाया तले विद्या का प्रचार, विश्व को भारतीय दर्शन, भारतीय तपोवन, आश्रम, संस्था का एक विचित्र और अनन्य नमूना है।

भारतीय मूल के वृक्षों की सूची बहुत लंबी है। शाल्मली जैसे विशाल, दीर्घायुवाले वृक्ष भी हैं तो बकुल, शेफाली जैसे सुगंधित भी, शिरीष जैसे कमनीय पुष्पवाले वृक्ष भी हैं, तो बिल्व, नीम जैसे औषधीय महत्त्व के वृक्ष भी। वेदकालीन साहित्य में रोहित्क, बिल्व, शमी अश्वत्थ, खदिर, प्लक्ष, वरुण जैसे अनेक औषधीय महत्त्ववाले वृक्षों का वर्णन मिलता है। ये सभी वृक्ष हरियाणा, राजस्थान प्रदेश में प्रचुरता से उपलब्ध होते हैं। संभवत: जब वेद लिखे जा रहे थे, तो आर्य ऐसे ही प्रदेश में रहते होंगे। **रामायण-महाभारत** काल में आर्य लोग पूर्व तक पहुँच चुके थे, तब उनके वृक्षों से परिचय की सूची भी विस्तार पा गई।

कुछ भी हो वृक्षों का यह मंगलदायी कल्याणकारी रूप ही आज का चिरंतन सत्य है, यही हमारे गुरु हैं, यही हमारे जीवनदाता, हमारे संरक्षक हैं। हम जीवित हैं क्योंकि इस धरा पर वृक्ष हैं जो कि वातावरण के कलुष को विषपायी शिव की तरह आत्मसात् करके धरा को रहने योग्य बनाते हैं। धरा के क्षरण को रोकते हैं, वर्षा लाते हैं, सौंदर्यानुभूति की प्रेरणा बनते हैं। पर्यावरणविदों की चेतावनी को हम चाहे नकार भी दें, पर जीवन

में सत्यम्, शिवम्, सुन्दरम् की प्रतिस्थापना करनेवाले वृक्षों को हम न भूलें। नहीं तो आनेवाली पीढ़ी आर्त्तस्वर में यही कहेगी–

यथापल्लवपुष्पाढ्या यथा पुष्पफलर्द्धयः।
यथाफलर्द्धिस्वारोहा हा मातः क्वागमन् द्रुमाः।।

पत्तों के समान ही जिनमें प्रचुर पुष्प होते थे और पुष्पों के समान ही जिनमें प्रचुर फल लगते थे और प्रचुर फलों से लदे होने पर भी जो सरलता से चढ़ने योग्य होते थे, हे माता पृथिवि ! बता वे वृक्ष अब कहाँ गए ?

वृक्ष के विषय में यह सबकुछ कहना कोई नई बात नहीं है। गंगा के निकट बसे, एक छोटे-से शहर में बसने का सबसे बड़ा लाभ मुझे यही हुआ कि मैं पेड़-पौधों को बहुत निकटता से देख सकी। चारों ओर छाई हरियाली, ऊँचे-ऊँचे सुंदर वृक्ष, उनका अपने-अपने समय पर पुष्पित होना देख सकी, पहचान सकी और इसी देखने-पहचानने के बीच उनसे कब आत्मीयता हो गई मालूम ही नहीं पड़ा। बकुल-शेफाली की सुगंधित वर्षा के बीच बचपन बीता, अमलतास, आम, जामुन के वृक्षों की छाया के बीच से स्कूल का रास्ता नापा। दिल्ली आने पर विश्वविद्यालय के उत्तरी रिज की पहाड़ियों के समीप के खुले हरे-भरे वातावरण में रहने पर यह आत्मीयता और भी गहरी हो गई। अपनी नन्ही वाटिका के फूलों, पत्तों से लगाव हो गया। यहीं पर मैंने सर्वप्रथम चीड़ का पौधा बीज द्वारा तैयार करके लगाया जो कि आज भी दिल्ली के वातावरण में, गर्व से प्रकृति के शमादान समान खड़ा, अपनी तीस फुट की ऊँचाई से आने-जानेवालों को मेरे घर का पता बताया करता है। वाटिका को सजाना, फूलों की सेवा, नित्य नए पौधों को एकत्रित करना एक शौक बन गया। परिवार में सभी लोगों ने मुझे सहयोग दिया। स्कूल के अवकाश के दिनों में मेरा पुत्र मेरे लिए रिज से बड़े-बड़े पत्थर लुढ़काकर लाता और घर में पहाड़ी बनाने में सहायता करता। यहीं से प्रदर्शनियों में भाग लेने व पुरस्कार जीतने का एक सिलसिला शुरू हुआ और यह उद्यान, ये पेड़-पौधे, फूल सभी नशा बन गए।

परंतु लेखन...। कभी सोचा भी न था। राधाकृष्ण प्रकाशन के तत्कालीन अधिपति श्री अरविंद कुमार ने जो कि आजकल नेशनल बुक ट्रस्ट के निदेशक हैं, वर्षों पूर्व कहा था–**उद्यान कला** पर हिंदी में पुस्तक लिखो... बहुत कमी है। हम छापेंगे। वाटिका में खुरपी चलाना कितना सरल था, यह मैंने तब जाना... इसके लिए पढ़ना पढ़ा...। जिस व्यक्ति ने बॉटनी का कभी क ख ग घ न पढ़ा हो वह पेड़-पौधों पर पुस्तक लिखे... ? परंतु अरविंदजी ने पुस्तक लिखने के लिए प्रेरित करके मेरे लिए एक नया संसार खोल दिया। निरीक्षण व ज्ञान और उद्यान कला के लिए मैंने पढ़ा, खूब पढ़ा। उद्यान कला पर पढ़ते-पढ़ते, फूलो-पौधों से कब वृक्षों तक पहुँच गई मालूम ही नहीं पड़ा। कालेज जीवन में सीखी संस्कृत व बंगला भाषाएँ काम आईं। फूलों के सम्बन्ध में, वृक्षों के सम्बन्ध में न केवल वैज्ञानिक दृष्टि से अध्ययन किया बल्कि साहित्यिक दृष्टि से भी। मेरे लिए यह चरम आनंद का विषय था और जितना पढ़ती गई उतनी ही जिज्ञासा बढ़ती गई। उसके

लिए मैं दिल्ली विश्वविद्यालय के वनस्पति विभाग के डॉ. एच.वाई. मोहनराम व उनकी पत्नी स्वर्गीया मानसी राम की आजीवन अभारी रहूँगी, जिन्होंने हर समय मेरी सहायता की। उद्यान कला पर लिखी मेरी पुस्तक तो अभी पांडुलिपि के रूप में वर्षों से धूल चाट रही है... परंतु मेरी लेखनी चल पड़ी। पेड़-पौधों से सम्बन्धित मेरे लेख पत्रिकाओं में छपने लगे। बस तभी मेरे मन में भारतीय मूल के वृक्षों के सम्बन्ध में लिखने का विचार कौंधा। बस **वेद, पुराण, रामायण, महाभारत**... कालिदास साहित्य को पढ़ना शुरू कर दिया... और उसका परिणाम आज आपके सम्मुख है। मैं कोई वनस्पति विशेषज्ञ या उद्यानविद् नहीं हूँ... परंतु प्रकृति व साहित्य दोनों में व्याप्त सौंदर्य से अभिभूत अवश्य हूँ। मेरा यह क्षुद्र प्रयास है। इसे पढ़कर यदि कोई खिलते अमलतास या फिर कदंब अथवा मौलश्री को पहचान सके, उसका आनंद उठा सके तो यह प्रयास सार्थक होगा। वृक्ष व फूलों की पहचान के लिए रंगीन पारदर्शियाँ देने का सुझाव सभी का था। इन पारदर्शियों में कुछ तो मैंने ली हैं शेष के लिए मैं आदित्य आर्य, अतुल केदार, अश्विन जेठी की अत्यंत आभारी हूँ जिन्होंने मेरे लिए यह चित्र खींचे। मेरी यह पुस्तक धरती के गौरव व महानतम सृष्टि-वृक्षों के प्रति विनम्र निवेदन स्वरूप है और उन्हें मेरा शत शत प्रणाम !

–प्रतिभा आर्य

40, सिविल लाइन्स
रुड़की (उ.प्र.)–247 667

अशोक

असूत सद्यः कुसुमान्यशोकः स्कन्धात्प्रभृत्येव सपल्लवानि।
पादेन नापैक्षत सुन्दरीणां सम्पर्कमासिंजितनूपुरेण।।

—कुमारसम्भवम्

'इस तपोवन में मूर्तिमान वसंत के आते ही अशोक वृक्ष तने से लेकर डालियों तक नए-नए पल्लवों और फूलों से लदबदा उठा। इसके लिए उसने बजते नूपुरों से सुशोभित रमणियों के पदाघात की प्रतीक्षा नहीं की।'

अशोक नाम लेते ही रक्तवर्णीय पुष्प-गुच्छों से सज्जित कमनीय पल्लववाले उस वृक्ष का चित्र आँखों के आगे साकार हो जाता है जिसकी छाया में सीता ने लंका प्रवास का दुःखद समय काटा था, जिसके सौंदर्य से संस्कृत कवि अभिभूत होकर पन्ने पर पन्ने रँगते चले गए, जिसे महाकवि कालिदास ने प्रतिष्ठा के उच्चतम सिंहासन पर बैठाकर एक पूरा नाटक ही रच डाला। यहाँ हम लंबे हरे लहराते पत्तोंवाले देवदारु परिवार के पर्णपाती वृक्ष 'अशोक पेण्डलुस' एवं 'अशोक लेटीफ़ोलिया' की बात नहीं कर रहे हैं, बल्कि बात कर रहे हैं अशोक वाटिकावाले 'सदाबहार अशोक वृक्ष' की, जिसे वनस्पति विशेषज्ञ 'सराका इंडिका अशोक' कहकर पुकारते हैं। वास्तव में यह अत्यंत विस्मय का विषय है कि अशोक नाम से देवदारु परिवार के ऐसे वृक्ष को हम पहचानते हैं जिसका वास्तविक अशोक से दूर-दूर का भी संबंध नहीं है।

सीता-अशोक एवं रक्त-अशोक नाम से लोक-प्रसिद्ध इस वृक्ष का उल्लेख वाल्मीकि ने पंचवटी स्थित पाँच शुभ वृक्षों में किया। ये पाँच वृक्ष थे—अश्वत्थ, न्यग्रोध, बिल्व, धात्री (आंवला) एवं अशोक। राम के वनवास में सहकार (आम), कर्णिकार, किंशुक और बकुल वृक्षों के साथ अशोक भी सहभागी रहा। सीता के लंका-प्रवास की घटनाओं का केंद्र अशोक वृक्ष ही रहा और अशोक ही सीता के अन्यतम शोक का सहभागी रहा। आवेग, आनंद का प्रतीक अशोक वहाँ सीता के दुःख का कारण बन गया—

'अस्या हि पुष्पावनताग्रशाखाः शोकं दृढं वै जनयन्त्यशोकाः।'

फूलों के भार से जिनकी डालियों के अग्रभाग झुक गए हैं वे अशोक वृक्ष ही सीता के लिए अत्यंत शोक उत्पन्न कर रहे हैं। सत्य तो यह है कि रामकथा में से यदि अशोक वाटिका में सीता-प्रवास की अवधि को निकाल दिया जाए तो कथा ही अधूरी रह जाएगी।

लंकाधिपति रावण द्वारा दिए गए प्रलोभनों, धमकियों, अत्याचारों एवं सीता के तप, धैर्य, पवित्रता एवं बहते हुए आँसुओं एवं दुःखों का मूक साक्षी अशोक वृक्ष ही रहा। श्री **ब्रह्मवैवर्त्तपुराण** में इस वृक्ष का उल्लेख शुभ मंगलमय वृक्ष के रूप में हुआ– **'अशोकश्च शिरीषश्च कदम्बश्च शुभप्रदः ।'** वाल्मीकि काल का यह शुभ वृक्ष कब व कैसे कामदेव से जुड़ गया नहीं मालूम। संस्कृत कवियों ने इस वृक्ष का उल्लेख वसंत ऋतु एवं वसंत के देवता कामदेव के संदर्भ में ही किया। **मालविकाग्निमित्रम्** नाटक में पूरी कथा अशोक वृक्ष के आसपास ही घूमती एवं घटित होती है। यहीं पर 'अशोक दोहद' नामक वसंतोत्सव का भी वर्णन आता है। दोहद का अर्थ है 'पुष्पित होने की इच्छा'। वसंत ऋतु आने पर अशोक का पुष्पित होना स्वाभाविक है। परंतु जब कोई अशोक का वृक्ष वसंत आने पर भी पुष्पित न हो तब किसी सुंदर स्त्री से अशोक के मूल पर पदाघात कराया जाता था। ऐसी मान्यता थी कि इस प्रक्रिया से वृक्ष पर फूल आ जाते थे। इसे ही 'अशोक दोहद' कहते और यह उत्सव बड़े ही हर्षोल्लास एवं धूमधाम से मनाया जाता। राजा स्वयं अपनी पत्नी एवं परिजनों के साथ इस उत्सव में भाग लेते। इस बात का उल्लेख मिलता है कि यह उत्सव चैत्र मास में मनाया जाता था। **मालविकाग्निमित्र** में राजकीय उद्यान की मालिन मधुकरिका जब बिना फूलोंवाले अशोक.वृक्ष को देखती है तो रानी से 'अशोक दोहद' कराने का निवेदन करती है।

'अहमस्य चिरायमाणकुसुमोद्गमस्य तपनीयाशोकस्य दोहदनिमित्तं देव्यै निवेदयामि'– यहाँ पर अशोक के लिए 'तपनीय' विशेषण कवि कालिदास ही सोच सकते हैं। वसंतु ऋतु में जब सभी वृक्ष कुसुमित हो उठे तो कुसुमित न हो सकनेवाला अशोक उनको तप में लीन वैरागी ही तो लगेगा ? कालिदास न केवल भावुक अपितु एक प्रकृतिप्रेमी कवि थे और प्रकृति के व्यापार उनके लिए किसी भी जीवंत मानवीय क्रिया से कम महत्त्वपूर्ण नहीं थे। श्रीहर्ष रचित **रत्नावली** में अशोक दोहद की प्रक्रिया का वर्णन इस प्रकार है– **'काञ्चनमाले। प्रतिष्ठाय अशोकमूले भगवान् प्रद्युम्नः भर्त्रिस्वहस्तदत्तैः कुसुमकुंकुम चन्दनवासैरभिशोभितं कृत्वा रक्ताशोकपादपम् अर्च्यतां भगवन् प्रदयुम्नः ।''** इस प्रकार पहिले अशोक वृक्ष के मूल के समीप भगवान प्रदयुम्न कामदेव की मूर्ति की प्रतिष्ठा की जाती, तत्पश्चात् पुष्प, कुंकुम, चंदन आदि से उनकी अर्चना की जाती, इसके बाद ही निर्दिष्ट सुंदरी युवती शृंगार से सज्जित हो अपने नूपुर सज्जित चरणों से वृक्ष के मूल में पाद प्रहार करती। **मालविकाग्निमित्रम्** में दोहद की क्रिया के बाद 'तपनीय अशोक' वृक्ष पाँचवें दिन ही पुष्पित हो उठा–

'आश्चर्यामाश्चर्यम्। अपूर्ण एवं पंचरात्रे दोहदस्य मुकुलैः संनद्धस्तपनीयाशोकः ।'

मत्स्यपुराण के अनुसार कामदेव की पूजा के समय अशोक वृक्ष के नीचे मिट्टी का कलश स्थापित किया जाता जिसमें सफेद चावल भर दिए जाते, तत्पश्चात् पूजा की जाती। **रत्नावली** में अशोक को 'मनोभवद्रुम' का कहा गया है। मनोभव कामदेव का ही एक और नाम है। **विक्रमोर्वशीयम्** नाटक में पुरूरवा अशोक वृक्ष को **प्रियावामपादप्रियः'** कहकर

संबोधित करते हैं। दोहद क्रिया के समय युवती द्वारा बाएँ पैर से किए जानेवाले आघात की ओर ही यह नाम संकेत कराता है। अशोक का एक अन्य नाम 'किंकिरात' भी है जो कि कामदेव के एक अन्य नाम 'किंकिर' की ओर संकेत करना है। इस प्रकार इस वृक्ष का सम्बन्ध सभी ने कामदेव से ही माना। अशोक का एक अन्य नाम 'शिंशपा' अथवा 'सिंसुपा' भी है। तुलसीकृत **रामचरितमानस** में भरत जब राम से मिलने वन को जाते हैं तब रास्ते में आए अशोक के उस वृक्ष को नमस्कार करते हैं जिसकी छाया में राम-सीता ने विश्राम किया था–

जहं सिंसुपा पुनीत तरु रघुवर किय बिस्रामु।
अति सनेह सादर भरत कीन्हेउ दंड प्रनामु।।

आचार्य हजारीप्रसाद द्विवेदी के अनुसार अशोक वृक्ष की पूजा व दोहद क्रिया आर्यों ने भारत की मूल जनजातियों से सीखी। उनका विश्वास है कि पर्वतीय प्रदेश में रहनेवाली यक्ष जाति से ही यह प्रथा आर्यों ने ग्रहण की। वैसे उपलब्ध प्राचीन मूर्तियों में अशोक वृक्ष की पूजा व दोहद क्रिया अंकित मिली है। भरहुत के स्थापत्य में दो यक्षणियों द्वारा दोहद क्रिया का अंकन मिला है।

अशोक वृक्ष का आकर्षण केवल इसके लोहित वर्णीय पुष्प ही नहीं हैं बल्कि इसके सुंदर चमकदार चिकने रक्त वर्णीय कोमल किसलय भी हैं। उन सुंदर पत्तों का सौंदर्य फूलों से कम आकर्षक नहीं। श्रीहर्ष ने रत्नावली की कोमल लाल हथेलियों की उपमा अशोक किसलयों से ही की है–

स्पष्टसत्वयैष दयिते स्मरपूजाव्यापृतेन हस्तेन।
उद्‌भिन्नापरमृदुतरकिसलय इव लक्ष्यतेऽशोक।।

अशोक वृक्ष के नीचे कामदेव की पूजा में व्यस्त कोमल सुन्दर हाथों को देखकर राजा को ऐसा प्रतीत हुआ मानो वृक्ष के मूल में नव किसलय फूट आए हों। कालिदास ने **ऋतुसंहारम्** में इन नव किसलयों के लिए **'विद्रुमरागताम्रं सपल्लवा:'** कहा। वास्तव में इतने सुंदर चटक लाल रंग के लंबे पतले पत्ते कदाचित् ही किसी अन्य वृक्ष के हों। पत्ते कोमल व काफी लंबे होते हैं और वंदनवार सदृश लहराते रहते हैं। प्राचीन समय में मांगलिक अवसरों पर अशोक के पत्ते आम्रपल्लव की भांति वंदनवार एवं 'मंगल-कलश' में लगाए जाते थे। विचित्र विरोधाभास है कि एक ओर वासना के देवता कामदेव से इसका संबंध है, दूसरी ओर मांगलिक कार्यों में भी इसका आधिपत्य रहा है।

बौद्ध मान्यता के अनुसार शाक्य मुनि गौतम बुद्ध का जन्म अशोक वृक्ष के नीचे ही हुआ और बौद्ध इसे बोधिवृक्ष के समान पवित्र मानते हैं। यह विस्मय की बात है कि 'मार' (कामदेव) को पराजित करनेवाले बुद्ध का जन्म कामदेव के वृक्ष अशोक के नीचे माना जाता है। आचार्य हजारीप्रसाद द्विवेदी संभवत: इसीलिए अशोक को 'रहस्य से भरा वृक्ष' कहते हैं। उस युग में राजप्रसादों की वाटिकाओं एवं उद्यानों में इस वृक्ष को लगाने का

काफी प्रचलन था। वाल्मीकि **रामायण** में कैकेयी प्रासाद से जुड़े उद्यान में अशोक वृक्ष लगे थे–

'लतागृहैश्चित्रगृहैश्चम्पकाशोकशोभितैः।' वनवास से अयोध्या लौटने पर राम सीता के साथ महल से जुड़ी 'अशोक वनिका' में विहार के लिए जाते हैं। संभवतः आनंद विहार व आमोद-प्रमोद हेतु अंतःपुर से संलग्न जो वाटिका बनाई जाती थी उसे ही अशोक वनिका अथवा अशोफ वाटिका कहते हों।

स विसृज्य ततो रामः पुष्पकहेमभूषितम्।
प्रविवेश महाबाहुरशोकवनिकां तदा।।

इससे ऐसा प्रतीत होता है कि आवश्यक नहीं कि अशोक वनिका अथवा अशोक वाटिका में केवल अशोक के ही वृक्ष हों। विभिन्न सुंदर वृक्षों से सज्जित यह वाटिका अंतःपुरवासियों के आमोद-प्रमोद का स्थान होती होगी ताकि वे गोपनीयता एवं सुरक्षा से विहार कर सकें। लंकाधिपति की अशोक वाटिका भी उसके महल के साथ जुड़ी हुई थी।

अशोक वृक्ष मध्यम आकार का एक सुंदर सदाबहार वृक्ष है जो कि दक्षिण भारत के वनों के अतिरिक्त बंगाल के वनों में बहुतायत से पाया जाता है। इसके पत्ते आम के पत्तों से काफी लंबे, पतले व लचीले लहरदार किनारेवाले होते हैं। पत्ते एक ही डंडी में पाँच या छः के जोड़ों में लगे हुए नीचे की ओर लटकते रहते हैं। नए पत्ते सुर्ख लाल, चमकदार, चिकने एवं अत्यंत कोमल होते हैं। वसंत ऋतु में इसके नव-पल्लव पूरे वृक्ष को एक अनूठा सौंदर्य प्रदान कर देते हैं। इनके रक्तिम सौंदर्य से ही महादेवी की वासन्ती नायिका अपने कोमल चरणों को रँगना चाहती है–

'रंजित कर दे यह शिथिल चरण, ले नव अशोक का अरुण राग।'

तुलसी की सीता के लिए यही रक्तिम पल्लव विरहाग्नि को और प्रज्वलित कर देते हैं, वह यही प्रार्थना करती है इनके अग्निपुंज सदृश यह पत्ते उसे जलाकर अपने नाम के अनुरूप शोक से मुक्ति दिला दें–

सुनहि विनय मम विटप असोका सत्यनाम करु हरु मम सोका।
नूतन किसलय अनल समाना देहि अगिनि तनु करहि निदाना।।

वाल्मीकि की सीता भी इसी के **'चारुपल्लवपत्राढयं'** के नीचे विश्राम करती है। कालिदास तो हमेशा ही दो कदम आगे रहते हैं और 'मालविका' के कान में यह 'नव किसलय' कर्णफूल की जगह सजा देते हैं। चैत्र मास में जबकि धूप में ठंडक समाप्त हो जाती है इस वृक्ष में फूल आते हैं। ये पुष्प गुच्छों में शुरू में पीले रंग के होते हैं फिर सूर्य की गर्मी पाकर पहले नारंगी फिर लाल रंग के हो जाते हैं। **वामनपुराण** में इन फूलों की उपमा वसंतराज कामदेव की सेना के भृत्यों, से की गई है–

रक्ताशोकवना भान्ति पुष्पिता: सहसोज्ज्वला: ।
भृत्या वसन्तनृपते: संग्रामेऽसृक्प्लुता इव।।

"रक्ताशोक के वन इस प्रकार सहसा कुसुमित एवं उज्ज्वल हो शोभित उठे मानो वसंत राजा के भृत्य युद्ध में रक्त से परिप्लुत हो रहे हैं।'' वाल्मीकि ने भी रावण के रक्तरंजित शरीर की उपमा कुसुमित अशोक वृक्ष से ही की। कालिदास ने संगमनीय मणि की रक्ताभा से फूलों की एवं रमणियों के बिंबाधरों से भी की– **'रक्ताशोकरुचा विशेषितगुणो बिम्बाधरालक्तक: ।'**

ये फूल गुच्छों में खिलते हैं। लंबी नलीवाली पुष्प की पंखुड़ियाँ लहरदार होती हैं। बीच में पुंकेसर बहुत लंबे निकलते हैं जो नाजुक रोमावली सदृश लगते हैं। इनके कारण पुष्प और भी कमनीय एवं नाजुक हो उठते हैं। एक वृक्ष पर खिले कुछ पीले, नारंगी, लाल आदि विभिन्न रंगोंवाले पुष्प अत्यंत लुभावने लगते हैं। वृक्ष का तना चिकना एवं एकदम सीधा होता है। इसका छत्र आम तौर पर एकदम गोल होता है। रक्ताशोक के अतिरिक्त सफेद फूलवाला अशोक भी होता है। वह इतना आकर्षक तो नहीं होता परंतु तंत्र विद्यावाले उसका पूजा में प्रयोग करते हैं।

बंगाल में 'अशोक षष्ठी' नामक एक पर्व होता है जिसमें पुत्रवती स्त्रियाँ इसकी आठ कलियों से युक्त जल को पीती व फूल खाती हैं। यह पर्व चैत्र शुक्ल अष्टमी को मनाया जाता है। इसके साथ ही प्रस्तुत मंत्र बोला जाता है–

"त्वामशोक कराभिष्टं मधुमाससमुद्भवम्।
पिबामि शोकसन्तप्तो मामशोकं सदा कुरु।।''

इसके अतिरिक्त 'अशोक त्रिरात्र', 'अशोक द्वादशी', 'अशोक पूर्णिमा' आदि विभिन्न अनुष्ठानों का पुराणों में उल्लेख आता है। इनमें वृक्ष के फूल व पत्तों को लेकर उमा, महेश्वर आदि देवताओं की अर्चना होती है। वैद्यक शास्त्र में अशोक की छाल का बहुत महत्त्व है। स्त्रियों के कई रोगों में इसका प्रयोग होता है। इसके औषधीय गुणों के कारण वृक्ष का काफी महत्त्व माना जाता है।

अशोक एक अत्यंत सुंदर वृक्ष है जो कि न केवल अपने आकार अपितु पत्तों व फूलों सभी से अत्यंत आकर्षक लगता है। संस्कृत कवियों व भारतीय संस्कृति का प्रिय वृक्ष मुगल काल में आते-आते विस्मृति के न जाने किस गह्वर में खो गया। आचार्य हजारीप्रसाद द्विवेदी इस विषय में अत्यंत दु:खी हो खेद प्रकट करते हैं–"जब अन्य सुंदर सुगंधित फूलोंवाले वृक्ष नहीं भुलाए गए तो अशोक के साथ यह अन्याय क्यों हुआ ?''

"भुलाया गया अशोक ! मेरा मन उमड़-घुमड़कर भारतीय रससाधना के पिछले हजार वर्षों पर बरस जाना चाहता है। क्या यह मनोहर पुष्प भुलाने की चीज थी ? सहृदयता क्या लुप्त हो गई थी ? कविता क्या सो गई थी ? ना, मेरा मन यह सब मानने को तैयार नहीं है। जले पर नमक तो यह है कि एक तरंगायित पत्रवाले निफूले पेड़ को

सारे उत्तर भारत में अशोक कहा जाने लगा। याद भी किया तो अपमान करके।'' वास्तव में उपवनों, उद्यानों व सड़क के किनारे लगाए जाने योग्य यह सुंदर वृक्ष न जाने क्यों नए युग के उद्यानप्रेमियों व उद्यानाचार्यों की नज़र से चूक गया। अन्यथा जिसकी प्रतिष्ठा में संस्कृत कवियों ने पोथे के पोथे रँग डाले वह इतना उपेक्षित क्यों ? फिर भी आशा अभी समाप्त नहीं हुई। आचार्य द्विवेदीजी के शब्दों में–"मगर उदास होना बेकार है। अशोक आज भी उसी मस्ती में है, मौज में है जिसमें आज से दो हजार वर्ष पूर्व था–अशोक का कुछ भी तो नही बिगड़ा है। कितनी मस्ती से झूम रहा है। कालिदास इसका रस ले सके अपने ढंग से–मैं भी ले सकता हूँ पर अपने ढंग से। उदास होना बेकार है।'' काश कोई सहृदय संस्कृतप्रेमी हर नगर में अशोक वाटिका न सही, नन्ही सी वीथि तो लगाता ताकि रसमर्मज्ञ इसे देख कवि-हृदय की मार्मिकता का अनुभव कर सकें... फूलों व पत्तों को देखकर सीता के विरह विदग्ध ज्वाला को पहचान सकें।

अश्वत्थ

निक्षिप्याग्निमरण्ये तु सपुत्रस्तु गृहं ययौ
स त्रेताग्निं तु नापश्चयदश्वत्थं तत्र दृष्टवान्
शमीजातं तु दृष्टवा अश्वत्थं विस्मितस्तदा
गंधर्वेभ्यस्तदाशंसदग्निनाशं ततस्तु सः।। **–श्रीहरिवंशपुराण**

हरिवंशपुराण में कथा आती है कि पुरुरवा जब गंधर्व लोक में गए, तो वापस आने से पूर्व गंधर्वों ने राजा को थाली में अग्नि भेंट की। राजा जब अपने राज्य की सीमा में पहुँचे तो अग्नि को वन में रख दिया और पुत्र को लेकर घर चले गए। बाद में अग्नि को लेने जब वे वन में पहुँचे तो उसकी जगह पीपल के एक वृक्ष को देखा। तब वे अग्नि को अपने गर्भ में छिपानेवाले शमी के वृक्ष में से उत्पन्न पीपल को देखकर विस्मय में पड़ गए और गंधर्वों से अग्नि के न मिलने का वृत्तांत कहा। तब गंधर्वों ने उन्हें पीपल की अरणि को मथकर अग्नि उत्पन्न करने की विधि बताई, इस प्रकार पुरुरवा को अग्नि प्राप्त हुई। इस प्रकार अश्वत्थ को शमी से उत्पन्न होते देख उसे शक्तिशाली और बलवान की उपाधि मिल गई। अश्वत्थ अर्थात् अश्व के समान बलवान्। **अथर्ववेद** में इसी की ओर आकृष्ट करते हुए लिखा गया है–**'यथाश्वत्थ वानस्पत्यानारोहन् कृणुषेऽधरान्।'** अश्वत्थ वीर है जो अन्य वृक्षों के सिर पर पाँव रखकर खड़ा हो जाता है। जिस प्रकार खदिर (खैर) के वृक्ष के ऊपर अश्वत्थ उत्पन्न होता है, उसी प्रकार वीर पुरुष उत्पन्न होते और शत्रुओं का वध कर देते हैं–**'पुमान् पुंसः परिजातोऽश्वत्थखदिरादधि।'–(अथर्ववेद)** प्रकृति-जगत के सभी वृक्षों में अश्वत्थ एक अत्यंत क्षमतावान् शक्तिशाली वृक्ष है। मजबूत कंक्रीट की दीवार, पत्थरों की चिनाई, छत, सड़क, चट्टान आदि कहीं पर भी, इसका राई से भी नन्हा बीज केवल चिपकने मात्र जगह लेकर अपनी जड़ बना लेता है और शीघ्र ही कंक्रीट व चट्टान की मजबूती को चुनौती देता अश्वत्थ का वृक्ष लहराने लग जाता है। इसकी जड़ें भीतर बहुत गहराई में भेदकर धँस जाती हैं और यदि शुरू में ही ध्यान न दिया जाए तो शीघ्र ही मजबूत से मजबूत भवन को भी गिरा सकती हैं। खैर, नीम, ताड़ आदि के वृक्षों के भीतर से लहराता अश्वत्थ तो एक आम दृश्य है और कई बार मूल वृक्ष छिप जाता है और अश्वत्थ शान से लहराता रहता है। इसीलिए इसकी तुलना उस वीर पुरुष से की गई है जो शत्रु की छाती पर पैर जमाकर खड़ा हो जाता है।

अश्वत्थ भारतीय संस्कृति, धर्म व आस्था का मूल रहा है। वैदिक काल से पूर्व

मोहेनजोदड़ों व हड़प्पाकालीन सभ्यता की खुदाई से प्राप्त मृण्मय मोहरों में अश्वत्थ वृक्ष व उसके पत्ते दोनों ही अंकित मिले हैं। पशुपति शिव, नाग पूजा, वृक्ष पूजा का महत्त्व पूर्व वैदिक सभ्यता में काफी रहा है। आर्यों ने इसे भी अपनी सभ्यता में समाहित कर लिया और अश्वत्थ शुद्ध वैष्णव वृक्ष मान लिया गया। स्कंदपुराण में अश्वत्थ को नारायण (विष्णु) और वट को शिव कहा गया है। **'अश्वत्थरूपी विष्णु:स्याद्वटरूपी सदाशिव:।।'** जटाधारी वट को देखकर जटा, सर्पों, भभूत और जंगली पशुओं से घिरे शिव की कल्पना सहज कर ली गई है तो चमकदार चंचल पत्तोंवाले अश्वत्थ को देखकर मोहनी रूपी नारायण ही याद आते हैं। **गीता** में स्वयं श्रीकृष्ण ने कहा है कि वृक्षों में मैं अश्वत्थ हूँ–**'अश्वत्थ: सर्ववृक्षाणां।'**

संभवत: यही कारण है कि अश्वत्थ हिंदू धर्म का प्रतीक बन गया। पवित्रक, अच्युतवास, शुभद, याजिक, श्रीमान, श्यामल, विप्र, मंगल्य, सेव्य, सत्य, शुचिद्रुम आदि अनेक नाम इसी भावना की ओर स्पष्ट संकेत करते हैं। गाँव की सीमा पर लगे वृक्षों की योजना भी एक अनुष्ठान से कम नहीं रही है। **अग्निपुराण** में वृक्षारोपण के सम्बन्ध में यह सुझाव है–

उत्तरेण शुभ: प्लक्षो वट: प्राक्स्याद् गृहादित:।
उदुम्बरश्च याम्येन पश्चिमेऽश्वत्थ उत्तम:।।

उत्तर दिशा में शुभ प्लक्ष (पिलखन), पूर्व में न्यग्रोध, गूलर दक्षिण (यमदेवता) में और पश्चिम में अश्वत्थ उत्तम होता है। ये सभी वृक्ष गूलर परिवार–'फाईकस परिवार' में आते हैं। संस्कृत में इन्हें 'क्षीरवृक्ष' कहा गया है, क्योंकि इनकी टहनियों के तोड़ने पर दूध जैसा तरल पदार्थ निकलता है। अश्वत्थ का एक नाम 'क्षीरद्रुम' भी इसीलिए है। वेदों में क्षीर परिवार के वृक्षों के लिए अत्यंत आदर व सम्मान का भाव प्रकट किया गया है। इस परिवार के वृक्षों में कहीं पर भी, कैसी भी, कठिन परिस्थिति व दुर्गम स्थान पर उगने व पनपने की अक्षुण्ण क्षमता ने ही संभवत: इसके प्रति आदर भाव उत्पन्न कर दिया है। लिंगपुराण में अश्वत्थ को वृक्षों का पिता और प्लक्ष को पितामह कहा गया है–

'वृक्षाणाञ्चैव चाश्वत्थं प्लक्षश्च प्रपितामह:।'

प्लक्ष को पीपल से अधिक महत्त्वपूर्ण क्यों माना गया, यह एक आश्चर्य का विषय है। **वामनपुराण** में अश्वत्थ का जन्म सूर्य से माना गया–**'स्कंदस्य बंधुजीवस्तु रवेरश्वत्थ एव च।।** अश्वत्थ का नन्हा बीज बहुत आसानी से हर जगह उग आता है मानो सूर्य की उष्मा ही उसके जन्म के लिए पर्याप्त है। तेलुगू में इसे 'रवि मनु' कहा गया है। अग्नि भी तो सूर्य का ही अंश है। **श्रीहरिवंशपुराण** वाली कथा भी संभवत: इसी ओर संकेत करती है। ऋषि दधीचि के पुत्र ऋषि पिप्पलाद ने अश्वत्थ के नीचे तपस्या की थी, जिससे इसका एक नाम पीपल पड़ा।

उत्तर वैदिक सभ्यता में पुराणों में अन्योक्तियाँ बननी शुरू हो गई थीं तब उसके बाद

बौद्धकालीन युग में अश्वत्थ और भी गौरवमय पद पर पहुँच गया। ऐसी मान्यता है कि शाक्य मुनि गौतम जब गया के पास तपस्या कर रहे थे तो अश्वत्थ वृक्ष के नीचे ही उन्हें बोध-ज्ञान प्राप्त हुआ था और इसीलिए उस वृक्ष को बोधिवृक्ष कहा गया है और बौद्ध धर्म की स्थापना इस प्रकार हुई है। पूर्वी एशियाई देशों में बौद्ध धर्म के प्रचार के साथ-साथ 'बोधिवृक्ष' की पूजा का भी विधान निश्चित हो गया। लंका में अश्वत्थ को इसीलिए 'बो' नाम से पुकारा जाने लगा। प्रियदर्शी अशोक की पुत्री संघमित्रा और पुत्र कुमार महेंद्र जब बौद्ध धर्म के प्रचार के लिए श्रीलंका गए, तो गया के पवित्र बोधिवृक्ष की एक शाखा भी साथ ले गए–जिसे उन्होंने अनुराधापुर में लगा दिया। यदि यह अनुश्रुति सही है तो बोध गया व अनुराधापुर के अश्वत्थ संसार के प्राचीनतम वृक्षों में से हैं। अश्वत्थ की आयु अन्य वृक्षों की अपेक्षा बहुत अधिक मानी जाती है। चार-पाँच सौ साल पुराने अश्वत्थ गया, हरिद्वार, वाराणसी आदि स्थानों में आसानी से दृष्टिगोचर हो जाते हैं। अक्सर कई महत्त्वपूर्ण स्थानीय घटनाओं के ये साक्षी रहे हैं। इन्होंने युग को बदलते और इतिहास लिखे जाते देखा है।

लैटिन भाषा में अश्वत्थ को 'फाईकस रिलीजियोसा' नाम से पुकारा गया है। इसे साधारण भाषा में पीपल भी कहते हैं जो संस्कृत के 'पिप्पल' से बना है। यह एक विशाल वृक्ष है। जड़ से लगभग पंद्रह-बीस फुट ऊँचा जाने के बाद इसकी शाखाएँ फूटती हैं और ये शाखाएँ ऊपर को जाने के बाद नीचे की ओर झुक जाती हैं। वृक्ष विशाल होने पर भी प्लक्ष या वट की तरह घना नहीं होता, क्योंकि टहनियाँ ऊपर से नीचे को लटकती रहती हैं। इन टहनियों में काफी लचक होती है। मोटी शाखाओं को छोड़ शेष टहनियाँ लगातार झूमती रहती हैं। हलके सलेटी रंग के तने के भीतर नीचे से लेकर ऊपर तक सीधे पुश्ते निकल आते हैं। कई बार तने को देखकर ऐसा प्रतीत होता है मानो बहुत सारे तने जोड़कर उस पर छाल लपेट दी गई हो। पत्ते का पिछला भाग गोलाई लिए हुए चौड़ा होता है व अगला भाग नोकीला लंबा होता है। किनारे पर हलकी लहर भी होती है। पत्ते की नसें हलके रंग की व काफी स्पष्ट होती हैं। इसके पत्ते पतले लंबे डंठल के सहारे डंडियों से जुड़े होते हैं और जरा सी हवा का आभास पाकर कान के लोलक के समान काँपने लगते हैं। इन पत्तों की इस चंचलता के कारण ही इनका एक नाम 'चल-दल' भी पड़ गया है। इन पत्तों के कंपन को देखकर ही मन भी पीपल के पत्ते जैसा कंपायमान होने का प्रतीक बन गया है–*'पीपर-पात सरिस मन डोला।'* कामनारूपी वायु से प्रेरित होकर मानव मन भी चंचल हो उठता है। कठोपनिषद् में अश्वत्थ के पत्तों की चंचलता से एक गूढ़ दार्शनिक व्याख्या प्रस्तुत की गई है–'**ऊर्ध्वमूलोऽवाक्शाख एषोऽश्वत्थः सनातनः।।**' अश्वत्थ अनादि है और कामना-कर्मरूपी वायु से प्रेरित हुआ ये नित्य चंचल स्वभाव वाला है। गीता का 15वाँ अध्याय ऊर्ध्वमूल अश्वत्थ से आरंभ होता है।

गूलर परिवार के अन्य वृक्षों की भाँति अश्वत्थ में भी फूल नहीं लगता। वृक्ष की टहनियों में नीचे से ऊपर तक हरे, सफेद, लाल छोटे-छोटे बेर जैसे फल लगते हैं जिन्हें गूलर कहते हैं। वास्तव में गूलर के भीतर ही फूल भरे होते हैं। इसीलिए इसका एक अन्य

नामः 'गुह्य पुष्प' भी है अर्थात् छिपे हुए पुष्पवाला। पशु व पक्षी इस गूलर को बहुत शौक से खाते हैं। बकरी से लेकर हाथी तक इसके नरम पत्तों व टहनी और गूलर को शौक से खाते हैं। इसी से इसका एक नाम 'कुंजराशन' व 'गजभक्ष' भी है। पशु-पक्षियों की भोजन प्रणाली में से ये बीज मल-विष्टा द्वारा बिना पचे हुए बाहर निकल जाते हैं और जहाँ-तहाँ उग आते हैं। इस वृक्ष के निर्बाध साम्राज्य का यही भेद है।

फरवरी, मार्च में ग्रीष्म के आगमन से पूर्व इसके पत्ते झड़ जाते हैं और पूरा वृक्ष लाल तांबई रंग के कोमल किसलयों से भर जाता है। इस नए कलेवर से यह पूरा वृक्ष अग्निपुंज जैसा लगने लगता है और कंपायमान पत्तियाँ अग्नि लपटों के सदृश हिलती रहती हैं। संभवतः इसीलिए इसे अग्नि का प्रतीक मान लिया गया। रक्तवर्णी पत्र धीरे-धीरे हरे रंग में परिवर्तित हो जाते हैं। इन हरे पत्तों से बच्चे मुँह से बजानेवाली पीपरी बनाकर गाँव में मस्ती से घूमते रहते हैं। यही नहीं, पुराने सख्त पत्तों को पानी में भिगोकर रख देते हैं। हरा भाग गल जाने पर नसों का जालीदार सफेद सुंदर पत्ता निकल आता है जिसे सुखाकर उस जाली पर चित्र बनाना एक बहुत बड़ी कला है। अश्वत्थ की छाल से लाल रंग निकलता है। बौद्ध भिक्षु इस काषाय रंग से अपने चीवर रँगते हैं। तिब्बती भाषा में संभवतः इसीलिए अश्वत्थ को 'लाल चङ्ग' कहकर पुकारा जाता है।

तुलसी-विवाह की भांति अश्वत्थ-विवाह की भी परंपरा हिंदू धर्म में है। इसका अनुष्ठान काफी धूमधाम से किया जाता है। इसके लिए नीम अथवा केले के वृक्ष को लिया जाता है। इसके अतिरिक्त घर में आई नई बहू एवं संतान की इच्छुक स्त्रियाँ गाँव के कुएँ के साथ-साथ अश्वत्थ की भी पूजा करती हैं। अश्वत्थ की जड़ पर सिंदूर लगाना, प्रदक्षिणा करके धागे से बाँधना या जड़ के पास मूर्ति रख देना ऐसे ही अनेक विधान हैं। ग्राम की पंचायत हो या मंदिर का प्रांगण अथवा श्मशान, विभिन्न प्रकार के धार्मिक व सामाजिक अनुष्ठानों का यह केंद्र रहा है। हाँ, घर के आँगन में अश्वत्थ अक्सर लोग नहीं लगाते। शायद इस वृक्ष की विशालता के कारण। ऊँचा होने के कारण यह पूरे घर को घेर लेता है और इसकी जड़ें भवन की नींव में घुसकर उसे नुकसान पहुँचाती हैं। संभवतः यही कारण रहा हो कि यह केवल सामुदायिक बैठक के स्थानों पर ही लगाया जाता रहा।

अश्वत्थ का प्रयोग औषध के रूप में काफी हुआ है। संक्रामक रोगों के फैलने के समय अश्वत्थ की पूजा का विधान बताया गया है। मुँह के स्वाद के खराब होने, भोजन से अरुचि व पित्त आदि दोषों के निवारण हेतु अश्वत्थ के फलों का उपयोग बताया गया है।

अश्वत्थवृक्षस्य फलानि पक्वायन्तीवहृद्यानि च शीतलानि।
कुर्वन्ति पित्तास्तविषार्तिदाहं विच्छर्दिशोषारुचिदोषनाशम्।।

सुश्रुत में घाव व दूषित रक्त शुद्धि एवं पित्त के उपचार के लिए अश्वत्थ की औषध का प्रयोग बताया गया है।

पत्राणि क्षीरवृक्षाणामौदकानि तथैव च।
दूषिते रक्तपित्ताभ्यां व्रणे दद्याद्विचक्षण:।।

अश्वत्थ भारतीय संस्कृति का मूल रहा है। सदियों से चले आ रहे इस वृक्ष के प्रति यह आदर भाव आज की वैज्ञानिक प्रगति के बावजूद भी अत्यंत गहरा और अमिट है। यही कारण है कि वृक्षों के अंधाधुंध काटे जाने पर जहाँ जंगल व फलों के बाग तक साफ हो गए, अश्वत्थ आज भी सिर उठाए खड़ा है। इन आस्थाओं के कारण न केवल अश्वत्थ की ही जीवन-रक्षा हुई है, अपितु अश्वत्थ के रूप में धरती पर स्थित हरीतिमा को भी जीवनदान मिला है। अश्वत्थ केवल वृक्ष ही नहीं है, यह है एक आस्था, एक सनातन विश्वास, एक जीवन-दर्शन, जो अनादिकाल से आज तक जीवंत है। दीवार तोड़कर ऊपर उगते अश्वत्थ को देखकर कवि गुरु के मन में मानव-मन की जिजीविषा का चित्र अंकित हो उठा—

प्राचीर भांङि गए
अश्वत्थ ऊपरे उठितेछे –(वधू)

अश्वत्थ का धरती फोड़कर ऊपर उठना... आत्मा का परमात्मा की ओर उन्मुख होने की दिशा में संकेत है और यही है अश्वत्थ का जीवन-दर्शन।

कदंब

बादल दिनेर प्रथम कदम्ब कुल करेछे दान
आमि दिते एसेछि श्रावणेर गान।

"बादल के दिवस के प्रथम कदंब फूल को दान करके मैं श्रावण का गीत प्रस्तुत करने आया हूँ"–श्रावण मास में खिले प्रथम पुष्प को देखकर कवि गुरु गीत गा उठे। कदंब–संपूर्ण कृष्णलीला, कृष्ण-साहित्य का मूल सौंदर्य और दिव्य प्रेम का प्रतीक–जिसके लिए रसखान ने भी यही हार्दिक कामना की–

'जौ खग हौं तो बसेरो करौं मिलि कालिंदि कूल कदम्ब की डारन।'

इस जन्म में कृष्ण के भक्तिरस का पान तो कर ही लिया, अब अगले जन्म का प्रबंध भी तो करना है–यदि कहीं पक्षी की योनि में जन्म ले लिया तो कहीं नीम, पीपल पर न रहना पड़े, सो अपने प्रभु से प्रार्थना की–यदि पक्षी बनाना ही है तो यमुना तट पर स्थित कदंब के वृक्ष का पक्षी ही बनाना। रस के स्वामी का भक्त भी बहुत चतुर था। जानता था कि कृष्ण को यहीं पाया जा सकता है, यहीं पर उनकी मुरली का मधुर रस भी पिया जा सकता है और उनकी लीला भी मुफ्त में दिखाई देगी... एक ही वरदान माँगकर दिव्य प्रेम का उपहार पा लिया। वर्षा ऋतु के संदेशवाहक के रूप में बकुल और कदंब दोनों ही अत्यंत सुंदर पुष्प हैं... अंतर है तो बस इतना ही कि जहाँ कदंब दिव्य पवित्र प्रेम का प्रतीक है वहाँ बकुल उन्माद का...। वर्षा काल में आकाश सजल मेघ पटलों से भर जाता है और कदंब कुसुमों से सुगंधित वारुण (पश्चिमी दिशा का देवता) वायु बहती है–

प्रावृष्यम्भोभृताम्भोदभरनिर्भरमम्बरम्।
कदम्बकुसुमामोदा वायवो वान्ति वारुणाः।।

– काव्यमीमांसा (राजशेखर)

कुटज की कलियाँ खिल उठती हैं। कदंब का पुष्प-समूह फूल पड़ता है। उसमें से केसर उगने लगते हैं– **'दलत्कुटजकुड्मलः स्फुटितनीपपुष्पोत्करो।'** और फिर **'कदम्बेर कानन घेरि आसाढ़ मेघेर छाया खेले'** (रवींद्रनाथ ठाकुर)।

श्रावण, आषाढ़ मास का पुष्प जिसे 'नीप' भी कहते हैं, अत्यंत विचित्र पुष्प है। इसके सम्बन्ध में वामन पुराण में आता है–

कन्दर्पस्य कराग्रे तु कदम्बश्चारुदर्शनः।
तेन तस्य परा प्रीतिः कदम्बेन विवर्द्धते। —वामनपुराण

कामदेव की हथेली के अग्र भाग से कदंब वृक्ष उत्पन्न हुआ इसीलिए कामदेव में उसकी परम प्रीति बढ़ती है। इसका वैज्ञानिक नाम है 'एंथोसेफ़ालस इंडिकस'। एंथोसेफ़ालस एक यूनानी शब्द है जिसका अर्थ है—सिर जैसा फूल और इंडिकस का अर्थ है भारतीय। इसके पिंगपांग रूप व आकार वाले गोल पुष्प को देखकर ही संभवतः यह नाम दिया गया होगा। आपको जानकर आश्चर्य होगा कि कॉफी व कुनैन भी इसी परिवार के वृक्ष हैं। हिमालय की तलहटी में व दक्षिण भारत में हल्दू व फल्दू नामक वृक्ष भी इसी परिवार के हैं। हल्दी के रंग की पीली लकड़ी के कारण इसका यह नाम पड़ा। कहते हैं कि नैनीताल के समीप बसा शहर इसी वृक्ष की बहुतायत के कारण हल्दवानी कहलाया। फल्दू वृक्ष से एक प्रकार का पीला लाल रंग निकलता है जो रेशमी व सूती कपड़े रँगने के काम आता है। कदंब एक बड़ा पर्णपाती वृक्ष है जो कि भारत, मलाया, चीन आदि में खूब पाया जाता है। इसका छत्र गोलाकार व खूब घना होता है। पतझड़ के बाद जब इसमें गहरे हरे रंग के नए चिकने मोटे पत्ते आते हैं तब यह वृक्ष अत्यंत सुंदर लगता है। इसके नीचे की छाया भी खूब ठंडी हो जाती है। पत्ते गोलाई लिए हुए लंबे होते हैं और अगला भाग नोकदार होता है। इनकी ऊपरी सतह चिकनी, चमकदार व गहरे हरे रंग की होती है, निचली सतह हल्के रंग की और उसमें नरम रोएँ होते हैं। ये पत्ते जोड़ों में खिलते हैं। कदंब वृक्ष जब छोटा होता है तो ये पत्ते आकार में बड़े होते हैं और वृक्ष जब बड़ा हो जाता है, तब पत्ते छोटे हो जाते हैं। कदंब की नीचेवाली टहनियाँ धरती की ओर झुककर फैलती हैं... शेष अगल-बगल होते हुए वृक्ष को गोलाकार बना देती हैं।

कदंब के पुष्प की संरचना अत्यंत विचित्र होती है। वास्तव में यह गेंदनुमा फूल, एक फूल न होकर अनेक नन्हे फूलों का समूह होता है, जो कि डंडी के किनारे गोलाकार रूप में चारों ओर खिलते हैं। जब ये फूल खिले नहीं होते हैं, तब ये कलियाँ हरे रंग की होती हैं। कलियाँ जब खिलती हैं, तो नारंगी पीले रंग की पंखुड़ियाँ खिलकर बाहर की ओर फैल जाती हैं। बीच का केंद्र भाग श्वेत होता है। प्रकृति ने परागण की सुविधा के लिए इसे पंखुड़ियों से थोड़ा ऊपर ही रखा है। इन नन्हे फूलों को ध्यान से देखने पर प्रत्येक फूल में पाँच पंखुड़ियाँ दिखाई पड़ती हैं, जो कि एक पतली नली द्वारा उस डंडी से जुड़ी होती हैं। इसके भीतर पाँच पुंकेसर होते हैं। दूर से देखने पर यह उभरा हुआ श्वेत केंद्र व पुंकेसर नारंगी पंखुड़ियों के भीतर खूब चमकते हैं। पुंकेसर ही पुष्प को एक ब्रश जैसा रूप प्रदान कर देते हैं और इन्हीं के कारण यह पुष्प अत्यंत नाजुक एवं कमनीय लगता है। जरा आप कल्पना कीजिए, एक चमकदार पत्तोंवाले वृक्ष की, जिस पर चारों ओर नारंगी सफेद गोल लट्टू जैसे लगे हों मानो प्रकृति द्वारा लीला पुरुष के स्वागत में पूरे वृक्ष को ही नारंगी फुँदनों से सजा दिया गया हो—और फिर क्या यह सजावट ही है ? नहीं, ऊपर से सुगंध की कादंबी की भी तो निरंतर वर्षा होती रहती है। यह सुगंध अत्यंत मादक होती

है–कवि गुरु तो कहते हैं–'नवकदंब गंधे आकुल करे।' मोहन की मुरली की मन को मुग्ध कर देनेवाली संगीत-लहरी और कदंब की मादकता दोनों ही मिलकर पूरे वातावरण को मदमस्त न बना देती होंगी और फिर रस की जो धारा बहती होगी उसमें पूरा वृंदावन ही आप्लावित हो जाए तो क्या आश्चर्य !... कदंब की मादकता का वर्णन **श्रीविष्णुपुराण** में इस प्रकार मिलता है--

इत्युक्ता वारुणी तेन सन्निधानमथाकरोत्।
वृन्दावनसमुत्पन्नकदम्बतरुकोटरे।।
विचरन् बलदेवोऽपि मदिरगन्धमुत्तमम्।
आघ्राय मदिरातर्षमवापथवराननः।।
ततः कदम्बात् सहसा मद्यधारां स लाङ्गली।
पतन्तीं वीक्ष्य मैत्रेय प्रययौ परमां मुदम्।।

वरुण की ऐसी आज्ञा होने पर वारुणी वृंदावन में उत्पन्न हुए कंदब की कोटर में रहने लगी। तब मनोहर मुखवाले बलदेवजी को वन में विचरते हुए मदिरा की उत्तम गंध सूँघने से उसे पीने की इच्छा हुई। हे मैत्रेय ! उसी समय कदंब से मद्य की धारा गिरते देख हलधारी बलराम अत्यंत प्रसन्न हुए और गोप-गोपियों के साथ मधुर स्वर में गाते हुए मद्यपान भी किया।

'कदंब कुंज्जेर सुगंध मदिरा' के कारण ही इनके फूलों पर मधु-मक्खियों का निरंतर डेरा लगा ही रहता है। सूर्यास्त के बाद देर रात गए तक ये मधुमक्खियाँ इस पर मँडराती रहती हैं और सुबह पौ फटने से पूर्व ही पूरा का पूरा वृक्ष इनकी गुनगुनाहट से गुंजरित हो उठता है। कंदब के फूलों की ओर जाती मधुमक्खियों का अनुसरण करके यक्ष की प्रियतमा के घर की राह जानी जा सकती है... शायद यक्ष के घर की राह में असंख्य कदंब वृक्ष होंगे... घर का रास्ता बताने का यह अनूठा ढंग भला कालिदास के सिवाय और कौन सोच सकता है ?

नीपं दृष्ट्वा हरितकपिशं केसरैरर्धरूढै
राविर्भूतप्रथममुकुलाः कन्दलीश्चानुकच्छम्।
दग्धाऽरण्येष्वधिकसुरभिं गन्धमाघ्राय चोर्व्याः
सारङ्गास्ते जललवमुचः सूचयिष्यन्ति मार्गम्।।

कदंब का पुष्प प्राचीन युग में संभवतः स्त्रियों के श्रृंगार में खूब प्रयोग किया जाता रहा है। साहित्य में इसके सम्बन्ध में काफी जगह वर्णन मिलता है। अलकापुरी की स्त्रियों का परिचय देते हुए यक्ष उनके पुष्प-श्रृंगार का वर्णन करता है–

चूड़ापाशे नवकुरबकं, चारुकर्णे शिरीषं।
सीमंते च त्वदुपगमजं यत्र नीपं वधूनाम्।।

यहाँ की वधुएँ चूड़ापाश में कुरबक के नवपुष्पं, कर्ण में शिरीष व तुम्हारे आने से उत्पन्न होनेवाले नवकदंब के पुष्पों से अपनी माँग सजाती हैं। फूलों से सजी सुंदरी जिसके बालों के पीछे नारंगी श्वेत सुगंधित फुँदने लटक रहे हों, कितनी मोहक लगती होंगी वे ! ऋतुसंहार में कदंब, मालती, जूही आदि के खिले फूलों को देखकर कवि यह कल्पना करते हैं कि बादल अपनी प्रेमिका के श्रृंगार के लिए इन्हें प्रस्तुत करता है। बादल यूथिका, मालती एवं बकुल की माला सिर के लिए गूँथ रहे हैं और नवकदंब के कान के लिए कुंडल बना रहा है–

शिरसि बकुलमालां मालितीभिः समेतां
विकसितनवपुष्पैर्यूथिकाकुड्मलैश्च।
विकचनवकदम्बैः कर्णपूरं वधूनां
रचयति जलदौघः कान्तवत् काल एषः।।

कदंब का प्रयोग बाजूबंद, जूड़े के फुँदने, गले के हार के रूप में तो खूब हुआ है... परंतु कवि गुरु ने तो इसके फूलों का प्रयोग और भी मधुर ढंग से किया है–

केतकी केशरे केशपाश करो सुरभि, क्षीण कटि तटे
गाँथि लयो परे करबी
कदंब रेणु बिछाइया दाओ शयने

केतकी के केसर से अपने बालों को सुगंधित बनाओ, पतली कमर पर करबी के फूलों को बाँध लो, फिर अपने शयन पर कदंब पराग बिछा दो। प्रियतमा के सुहागरात के श्रृंगार की क्या अनूठी कल्पना है ! कदंब पुष्प के पराग से अधिक कोमल और कौन-सा पदार्थ हो सकता है जो कोमल अंगों को चुभ न जाए। प्रेयसी के श्रृंगार के लिए नए-नए प्रसाधन चुने गए परंतु कदंब रेणु का मुकाबला क्या !

कदंब पुष्पों का विष्णु पूजा में प्रयोग किया जाता रहा है। इसीलिए श्रीकृष्ण व विष्णु मंदिर के प्रांगण में कदंब का वृक्ष लगाया जाता रहा। प्राचीन राजस्थानी चित्रों में कृष्ण रासलीला में कदंब वृक्ष के नीचे खड़े राधा-कृष्ण एक सामान्य बात रही। बुद्ध की जातक कथाओं में भी कदंब का वर्णन मिलता है।... इसके पुष्प अब श्रृंगार में तो प्रयोग नहीं होते, परंतु रासलीला के नृत्य के श्रृंगार में कदंब के फूल बच्चों के खेलने में गेंद का काम करते हैं। इसका फल खट्टा होता है, कहीं-कहीं लोग इसे सब्जी में खटाई के स्थान पर डालते हैं। चमगादड़ अवश्य इस फल को खूब शौक से खाता है और वृक्ष के नीचे इनके कारण खूब गंदगी हो जाती है। संभवतः यही कारण है कि यह वृक्ष घरों में नहीं लगाया जाता है। मंदिरों, उद्यानों, सड़क के किनारे एवं अन्य सार्वजनिक स्थान में लगाए जाने के लिए यह अत्यंत सुंदर वृक्ष है। दिल्ली में मई के अंत में ही फूल खिलने शुरू हो जाते हैं और सितंबर तक खिलते रहते हैं।

कदंब जो कि भारतीय धर्म, संस्कृति व साहित्य का केंद्र रहा अब उपेक्षित हो गया

है। बड़े-बड़े शहरों में उद्यानों व सड़क के किनारे गुलमोहर, युकलिप्टिस जैसे वृक्ष लगाने की परंपरा-सी चल पड़ी है। नई पीढ़ी के इनेगिने लोग ही कदंब के फूल के विषय में जानते व पहचानते हैं। कितना ही अच्छा हो कि उद्यानप्रेमी लोग जागें और कदंब जैसे वृक्षों को उचित स्थान प्रदान करें। कवि गुरु के शब्दों में, हम भी तब वर्षा ऋतु का आनंद ऐसे लें–

एसो नीपवने, छायावीथि तले एसो करो स्नान नवधारा जले।

कर्णिकार

अहो त्वं कर्णिकाराद्यपुष्पितः शोभसे भृशम् ।
कर्णिकार प्रियां साध्वीं शंस दृष्टा यदि प्रिया । –वाल्मीकि रामायण

'हे कर्णिकार ! आज फूलों से लदने से तुम्हारी बहुत शोभा हो रही है। मेरी प्रिया साध्वी को तुम्हारे फूल बहुत प्रिय थे। यदि तुमने उसको कहीं देखा हो तो मुझसे कहो।'' पलाश, अशोक की भांति कर्णिकार भी कवि वाल्मीकि का अत्यंत प्रिय पुष्पवृक्ष रहा है और विभिन्न संदर्भों में उन्होंने इसका चित्रण जगह-जगह किया है। भरत जब अपनी माताओं एवं बंधु-बांधवों सहित भारद्वाज ऋषि के आश्रम में पहुँचे तब अपनी मँझली माता सुमित्रा का परिचय ऋषि से अत्यंत सुंदर मार्मिक शब्दों में कराते हैं–

"इयं सुमित्रा दुखार्त्ता देवी राज्ञश्च मध्यमा ।
कर्णिकारस्य शाखेव शीर्णपुष्पा वनान्तरे ।।''

दुखी एवं आभूषणहीन होने से वह वन के भीतर झड़े हुए कर्णिकार की शाखा के समान दिखाई देनेवाली मेरी मँझली माता सुमित्रा है।' सुमित्रा की मर्यादा एवं अवस्था को देखते हुए परिचय देने का इतना सुन्दर ढंग वाल्मीकि के अतिरिक्त भला और कौन सोच सकता है ! वन में एक साथ रहते हुए राम और सीता का कर्णिकार से अन्यतम परिचय रहा, उनके सुख-दुख, उपालंभ, आनंद सभी में कर्णिकार मूक साक्षी रहा। यही पुष्प अर्जुनपुत्र अभिमन्यु की ध्वजा की शोभा बढ़ाता रहा–

स कर्णिकारप्रवरोच्छ्रितध्वजः सुवर्णवर्मार्जुनिरर्जुनाद् वरः ।। –महाभारत

कर्णिकार सुनहरे पीले रंग के फूलवाला वृक्ष है। खिलने पर ऊपर से नीचे तक लदा पत्रविहीन वृक्ष अत्यंत मोहक एवं आकर्षक लगता है। कालिदास ने **कुमारसंभव** में कर्णिकार को निर्गंध बता दिया–

वर्णप्रकर्षे सति कर्णिकारं दुनोति निर्गंधतया स्म चेतः ।

तीव्र रंगवाला एवं निर्गंध होने पर भी कर्णिकार चित्त को विचलित कर रहा है। इसमें संदेह नहीं कि कर्णिकार की गंध बहुत ही मंद होती है, परंतु वृक्ष के नीचे से निकलने पर इसे आसानी से अनुभव किया जा सकता है। कालिदास जैसे प्रकृति के सूक्ष्म निरीक्षक

से यह भूल कैसे हुई यह विस्मय की बात है।

यहाँ पर एक विवाद इसके नाम को लेकर भी है। अक्सर लोग कर्णिकार का अर्थ 'कनेर' के रूप में लगाते हैं जिसे 'कनक' भी कहते हैं। उच्चारण की समानता के कारण ही संभवत: यह भूल हो गई। वास्तव में संस्कृत साहित्य में वर्णित-चित्रित जिस वृक्ष को कर्णिकार कहा गया है वह अमलतास पर ही ठीक बैठता है... **वामनपुराण** में पुष्पित 'कर्णिकार' की तुलना स्वर्णाभरणधारी राजपुत्रों से की गई है–

वनानि कर्णिकाराणां पुष्पितानि विरेजिरे
यथा नरेन्द्रपुत्राणां कनकाभरणानि हि।।

अर्थात् स्वर्णाभरणधारी राजपुत्रों के समान पुष्पित कर्णिकारों के वन सुशोभित हो गए... यही नहीं, **विक्रमोर्वशीयम्** में कालिदास ने ऐसा ही चित्रित किया है–

परिजनवनिताकरार्पिताभि:
परिवृत्त एष विभाति दीपिकाभि:
गिरिरिव गतिमानपक्षसादाद्
अनुतटपुष्पितकर्णिकारयष्टि:।।

महाराज पुरुरवा निज परिजन महिलाओं के मंगलमय दीपदानों से घिरे हुए उसी प्रकार सुशोभित होकर चल रहे हैं, जिस प्रकार पर्वत खिले हुए कर्णिकार के वृक्षों से घिरा, बिना पंख के भी गतिशील हो रहा है। वाल्मीकि का भी पीतवसनधारी चित्रण अमलतास पर ही ठीक बैठता है। कनेर एक छोटा झाड़ीनुमा वृक्ष है जिस पर पीले तुरहीनुमा पुष्प दूर-दूर पर खिलते हैं जबकि कर्णिकार वृक्ष पर जब फूल खिलते हैं तो पूरा का पूरा वृक्ष पीत रंग में रँग जाता है और बीच-बीच में केवल पिछले वर्ष की लगी यष्टिनुमा काली फलियाँ ही दृष्टिगोचर होती हैं। अत: यह तो निश्चय ही है कि कर्णिकार कनेर नहीं, अपितु अमलतास को कहते हैं। कर्णिकार की नाजुक तंतुनुमा डंडियों पर पीले पुष्प लंबे-लंबे गुच्छों में कान के झुमकों सदृश झूलते हैं। झुमकों की भाँति ही नीचे नन्ही-नन्ही मोतीनुमा हरे रंग की कलियों के लोलक झूमर की तरह झूलते रहते हैं। कर्णिकार का पुष्प कान के एक बड़े झुमके सदृश लगता है। इसी से इसे कर्णिकार का सार्थक नाम मिला। अमित उल्लास का प्रतीक सुनहरा रंग होने से अमलतास नाम भी मिल गया। इसके अतिरिक्त राजवृक्ष, गिरमाल, कृतमाल, आरग्वध आदि अनेक नामों से इस वृक्ष को पुकारा गया है।

कर्णिकार-अमलतास मध्यम आकार का पर्णपाती वृक्ष है। धरती से लगभग तीन मीटर ऊपर जाकर तने में इसकी शाखाएँ फूटती हैं, जो कि ऊपर जाकर फिर नीचे की ओर झुककर एक गोलाकार गुंबद-सा बना लेती हैं। शीत ऋतु में इसके पत्ते एकदम झड़ जाते हैं। मई मास में गुलमोहर जब अपने हरे पत्तों के ऊपर लाल सुनहरे फूलों की

चित्रकारी करने लगता है, तब अमलतास पर धागे जैसी पतली नाजुक लंबी-लंबी डंडियाँ लटकने लगती हैं जिन पर नन्ही-नन्ही गोल हरी कलियाँ पन्ने के मोतियों जैसी चमकने लग जाती हैं। पूरा वृक्ष इनसे भर जाता है और देखते ही देखते कलियाँ पीले, सुनहरे, वासंती फूलों में बदल जाती हैं। फूल ऊपर पहले खिलते हैं व डंडी के निचले भाग में बाद में। शीघ्र ही यह श्रीहीन उदास वृक्ष एकदम श्रीसंपन्न हो अमित उल्लास का प्रतीक बन जाता है। पीले सुनहरे फूल कटोरे जैसी पाँच पंखुड़ियोंवाले होते हैं जिनके बीच दस लंबे पुंकेसर होते हैं। ये पुंकेसर अत्यंत कोमल हरे रंग के होते हैं जिन पर भूरे रंग के परागछत्र होते हैं। वृक्ष के नीचे जाने पर न केवल हल्की भीनी गंध का आभास होता है, बल्कि मंडराती हुई असंख्य मधुमक्खियों का गुंजार भी सुनाई देता है। लटकते हुए पुष्प के ये गुच्छे कई बार एक मीटर लंबे तक हो जाते हैं। लगभग एक महीने तक ये अपने रूप, रंग, गंध और गुंजार से सबको आकृष्ट करते हैं।

अमलतास की लंबी-लंबी फलियों का गूदा बहुत मीठा होता है, जिसे अमलतास का गुड़ भी कहते हैं। बंदर इसे खूब चाव से खाता है। इसी से इसका एक नाम बंदरलाट भी है। यही कारण है कि जिन जंगलों में बंदर बहुतायत से पाए जाते हैं, वहाँ इसके बीज गिर जाने से वृक्षों का अंकुरण खूब होता है और ये अधिकाधिक पाए जाते हैं। अन्यथा इसके बीज का अंकुरण इतनी आसानी से नहीं होता। जो बीज एक वर्ष से भी अधिक पुराने हो जाते हैं, उन्हें सावधानी से बो देने से अंकुरण हो जाता है। अमलतास की इन्हीं फलियों के कारण इसका वैज्ञानिक नाम 'केशिया फ़िस्च्यूला' पड़ा। केशिया तो इसके परिवार का नाम है और फ़िस्च्यूला नली को कहते हैं। इसीलिए डच में इसे 'पुडिंग पाइप ट्री' भी कहते हैं। इसकी ये फलियाँ वृक्ष की डालियों पर एक वर्ष से भी अधिक समय तक लटकती रहती हैं। जब पत्रविहीन वृक्ष में फूल आने लगते हैं तो ये आधे से लेकर एक मीटर लंबी भूरी-काली फलियाँ इसके सौंदर्य को द्विगुणित कर देती हैं, मानो पीले ज्योतिपुंज के नीचे शमादान हो और यही है विश्व प्रसिद्ध 'इंडियन लेबरेनम' वृक्ष जिसके सौंदर्य से अभिभूत हो संसार के असंख्य देशों ने इसे अपना लिया है।

अमलतास का वर्णन औषध के रूप में चरक व सुश्रुत संहिता आदि वैद्यक संबंधी पुस्तकों में बहुत मिलता है। इसकी फली का गूदा पेट के रोगों के औषध के रूप में प्रयोग किया जाता है और भारत में ही नहीं, विदेशों में भेजा जाता रहा है। इसकी छाल का प्रयोग भी औषध में किया जाता है। यह बात अलग है कि अकेला गूदा कभी प्रयोग नहीं किया जाता, बल्कि 'सनाय' के पत्तों के साथ प्रयोग किया जाता है। बंगाल की तरफ फली के गूदे को तंबाकू में मिलाकर उसे सुगंधित व मीठा बनाते हैं।

निस्संदेह अमलतास 'राजवृक्ष' ही है। सड़क के किनारे लगे इतनी शान से स्वर्णिम परिधान में ऊपर से नीचे तक लिपटा हुआ भला और कौन हो सकता है ? सुनहरे रंग का इतना विशाल गुंबद, सुनहरी छाया, सुनहरी वर्षा और फिर सुनहरा कालीन... यह 'स्वर्णक' ही तो है। सुनहरी छाया में मधुमक्खियों के गुंजार में डूबी मधुर मंद सुगंधवाला

अमलतास धूल व गर्मी में फूलेगा ही–यही तो कवि का विश्वास व आस्था है–

धूप और लू से
ढक भर
घिर जाएगा जब कोना कोना
तब भी
अमलतास फूलेगा...

कोविदार

मन्दानिलाकुलितचारुतराग्रशाखः पुष्पोद्गमप्रचयकोमलपल्लवाग्रः ।
मत्तद्विरेफपरिपीतमधुप्रसेकश्चित्तं विदारयति कस्य न कोविदारः ।।

—ऋतुसंहार

मंद वायु से व्याकुल जिसकी शाखाओं का अग्रभाग सुंदर प्रतीत होता है और कोमल पल्लवों के अग्रभाग में पुष्पों का उद्गम हो रहा है, मधुमत्त भौंरे जिसके मधु का पान कर रहे हों, ऐसा कोविदार (कचनार) किसके हृदय को विदीर्ण नहीं करता ! कवि कालिदास ने कोविदार के सौंदर्य को इतना मादक कहा है कि नवपल्लव का हवा के झोंके से हिलना, टहनी के अग्रभाग में कचनार के फूलों का पुष्पित होना... पुष्प भी कैसे ? जिनके भीतर मदमस्त भौंरे निरंतर मधु का पान कर रहे हों... तो फिर भला चित्त विचलित क्यों नहीं हो !

कोविदार अर्थात् धरती को चीरनेवाला। वास्तव में कचनार की क्षमता का यह अत्यंत सजीव नामकरण है... इसी के लिए एक और शब्द भी प्रयोग में लाया जाता है– 'कुछाल'। इसे वसंत ऋतु का संदेशवाहक माना जाता है, जिसका चित्रण राजशेखर ने इस प्रकार किया है–

अयं प्रसूनोद्धुरकर्णिकारः पुष्पप्रपञ्चांचितकाञ्चनारः ।
विजृम्भणाकोविदकोविदारः कालो विकाशोद्यतसिन्दुवारः ।।

—काव्य मीमांसा

इस काल में कर्णिकार के वृक्ष पुष्पों से भर जाते हैं, कांचन के वृक्ष कुसुमों से भर जाते हैं, कोविदार के वृक्ष विकसित हो उठते हैं और सिंदुवार के वृक्ष विकास की ओर उन्मुख हो उठते हैं। वास्तव में शीत ऋतु की समाप्ति के तत्काल बाद पहले सेमल खिलता है और उसके साथ-साथ ही कचनार में कलियाँ आने लगती हैं। सेमल के आकाशोन्मुख लोहित वर्णीय बड़े पुष्प ऊँचाई में दूर-दूर से चमकने लगते हैं, तब मध्यम आकार का कचनार अपने नाजुक गुलाबी जामुनी फूलों का वितान बुनने लगता है। वाल्मीकि **रामायण** में दशरथ पुत्रों की पताका को 'कोविदार ध्वज' कहा गया है, मालूम नहीं इसमें कचनार का फूल अंकित था या फिर कचनार के डंडे पर पताका लहराई जाती थी। चित्रकूट में जब राम, लक्ष्मण व सीता वनवास कर रहे थे, तब दूर से उड़ती धूल को

देखकर निषाद राज शत्रु की आशंका से वृक्ष पर चढ़कर धूल की दिशा में देखने लगे। उन्होंने भरत के 'कोविदार ध्वज' वाले रथ को आते देखा–

यदा न खलु दुर्बुद्धिर्भरत: स्वयमागत:
स एष ही महाकाय: कोविदारध्वजो रथे।।

अर्थात् निश्चय ही दुर्बुद्धि भरत स्वयं आया हुआ है, यह विशाल कोविदारवाली ध्वजा उसी के रथ की है। राम-रावण युद्ध के समय राम के रथ की पताका को 'कोविदार ध्वज' कहा गया है। संभवत: यह उनके परिवार का पताका-चिह्न रहा हो। क्षत्रिय परंपरावाले परिवार में, पृथ्वी को विदीर्ण करनेवाले कोविदार को शत्रु हृदय को चीरने के प्रतीक में स्वीकार कर लेना असंभव नहीं है। आज भी कई क्षत्रिय परिवारों में विजयादशमी के अवसर पर कचनार की टहनी घर में लाने की परंपरा चली आ रही है। पम्पा सरोवर का वर्णन करते समय वाल्मीकि वहाँ के रमणीय प्रदेश में पाए जानेवाले वृक्षों में 'कोविदार' का भी वर्णन करते हैं–

अंकोलाश्च कुरण्टाश्च चूर्णक: परिभद्रक: चूता पाटलयश्चापि
कोविदारश्च पुष्पिता: मुचकुन्दार्जुनाश्चैव दृश्यन्ते गिरिसानुषु।।

अंकोल, कुरण्ट, चूर्णक, परिभद्रक, आम, पाटल, कोविदार, मुचकुन्द और अर्जुन नामक वृक्ष भी पर्वत शिखरों पर फूलों से लदे हुए दिखाई पड़ते हैं।

वनस्पतिशास्त्री इसे 'बोहेनिया वेरीगेटा' नाम से पुकारते हैं। जीन व गॉस्पर बोहिन नामक दो विश्व-प्रसिद्ध वनस्पतिप्रेमी भाई हुए। उन भाइयों की स्मृति को सम्मान देने के लिए इस सुंदर पुष्प का नाम 'बोहेनिया वेरीगेटा' रख दिया गया। इसके पीछे भी एक विशेष कारण है। कचनार का पत्ता, देखने में जो जुड़े हुए पत्तों के समान लगता है, वास्तव में एक पत्ता होता है जो कि ऊपरी हिस्से में बीच से अलग होता है–संस्कृत में इसीलिए इसे 'युग्म पत्रक' व 'द्विपत्री' भी कहते हैं। इन जुड़े हुए पत्तों को दो भाइयों का प्रतीक मानकर यह नाम दे दिया गया है। इसी से अक्सर लोग इन्हें जुड़वाँ भाई मानने की भूल कर बैठते हैं। परंतु ऐसा नहीं है। जीन बोहीन 1541 से 1613 तक व गास्पर बोहीन 1550 से 1624 तक रहा। फिर भी दोनों भाइयों का इतना प्रतीकात्मक सम्मान अत्यंत सुंदर है।

कचनार मध्यम आकार का वृक्ष है। इसके तने का रंग थोड़ा गहरा होता है। छायादार वृक्षों में तो इसकी गणना नहीं हो सकती, परंतु पुष्पों के आकर्षक वितान के रूप में यह बहुत लोकप्रिय है। पुष्प की हरी कलियाँ पतली लंबी होती हैं व टहनी के अग्रभाग में गुच्छों के रूप में लगती हैं। इसी कली के बाह्य पटल को दो भागों में विभक्त कर पाँच पंखुड़ियोंवाला कचनार का फूल खिलता है। इनमें चार पंखुड़ियाँ हलके रंग की व पाँचवीं गहरी व चटख रंग की होती है। संभवत: कीट व मक्खियों को आकर्षित करने के लिए प्रकृति ने उसे यह रूप प्रदान किया है। पुष्प के भीतर से पाँच लंबे पुंकेसर

निकलते हैं जो बड़ी कलात्मकता से ऊपर की ओर घूमे हुए होते हैं। इनमें केवल तीन पर ही पराग केसर होते हैं। पक्षी व मधुमक्खियाँ इसका रस चूसने अनवरत इस पर आते रहते हैं और परागण में सहायक बनते हैं। फूल झड़ने के बाद लंबी पतली फलियाँ आती हैं, साथ ही साथ नरम पत्ते निकलने शुरू हो जाते हैं। दूर से देखने पर पत्ते जुड़े हुए पंखवाली तितली के समान प्रतीत होते हैं। नवपल्लव से भरा वृक्ष अपने आपमें अत्यंत शोभनीय लगता है। पत्तों की नसें डंडी से ऊपर की ओर सीधी निकलती हैं व थोड़ी मोटी होती हैं। इन नसों को देखने से दो अलग-अलग पत्ते दिखाई पड़ते हैं जिनका निचला दो-तिहाई भाग बीच में से जुड़ा होता है। पर्णपाती वृक्ष होने के कारण शीतकाल में इसके पत्ते एकदम झड़ जाते हैं, और पत्ररहित वृक्ष पर जब गुलाबी, जामुनी, बैंगनी सुंदर फूल खिलते हैं तो अपने आपमें एक सुंदर दृश्य प्रस्तुत करते हैं।

कचनार की कली नरम होती है। सुंदरी, छरहरी यवुती के सौंदर्य की कोमलता में कवि 'कच्ची कली कचनार' का आभास पाते रहे हैं। वैसे कलियों का प्रयोग सब्जी के रूप में खूब किया जाता है। मार्च-अप्रैल में जब इसकी कलियाँ बाजार में बिकने आती हैं तो महँगी होने पर भी लोग अपने स्वाद का संवरण नहीं कर पाते हैं और इसे रायता, अचार व सब्जी के रूप में प्रयोग करते हैं। वैद्य इसमें रक्त साफ करने की शक्ति मानते हैं। **सुश्रुत संहिता** में लिखा है–

कोविदारशणशाल्मलीपुष्पाणि मधुराणि।
मधुरविपाकानि रक्तपित्तहराणि च।।

कचनार, शण और सेमल के फूल स्वाद में मधुर तथा विपाक में भी मधुर और रक्तपित्त नाशक होते हैं। तंत्र विद्या को माननेवाले कचनार को 'तरुराज' कहते हैं और इसमें अनेक चमत्कारिक शक्तियों का समावेश मानते हैं। श्राद्ध के अवसर पर जिन खाद्य पदार्थों का होना आवश्यक माना जाता है, कचनार उसमें से एक है–

यवाः प्रियङ्गवो मुद्गगोधूमा ब्रीह्यस्तिलाः।
निष्पावाः कोविदारश्च सर्षपाश्चात्र शोभनाः।।

जौ, कंगनी, मूँग, गेहूँ, धान, तिल, मटर, कचनार और सरसों, इन सबका श्राद्ध में होना आवश्यक है। कचनार की नरम पत्तियों को बकरी बड़े प्रेम से खाती है, इसलिए कचनार के छोटे पौधों की इनसे रक्षा करनी पड़ती है। इसका वृक्ष छायादार स्थान न पसंद करके एकाकी रहना पसंद करता है। घने जंगलों में इसके वृक्ष कम ही पाए जाते हैं। कचनार की एक किस्म में फूल छोटे व सफेद व हल्के फीके पीले रंग के होते हैं। महाराष्ट्र में इसे 'सोना' कहते हैं। इसकी पत्तियाँ भी थोड़ी छोटी होती हैं। इसके फूल दूर से पंख समेटे तितली के समान लगते हैं। परंतु इसमें एक अंतर है कि फूल जब खिलते हैं तो पत्ते भी वृक्ष पर होते हैं। इसका वृक्ष भी अत्यंत सुंदर लगता है। कचनार की एक अन्य किस्म को 'बोहीनिया परप्यूरा' कहते हैं। इसमें नवंबर से फूल आने शुरू हो जाते हैं और फरवरी

तक रहते हैं। पीले कचनार की छोटी पत्तियों को विजयादशमी के अवसर पर लोग अपने मित्रों एवं रिश्तेदारों में बाँटते हैं और शुभकामनाएँ देते हैं। संभवत: पीले फूल की पत्तियाँ वैभव एवं समृद्धि का प्रतीक मानी जाती हैं।

कवियों व प्रेमियों को उद्दीप्त व मदमस्त करनेवाला कचनार, वियोग में भी कम दुखदायी नहीं होता है। अन्यथा गोपियाँ ऊधो से यों न कहतीं–

ऊधो यह सूधो से सँदेशो कहि दीजो भले
हरि सो हमारे ह्याँ न फूले बन कुंज हैं
किंसुक गुलाब कचनार औ अनारन की
डालन पै डोलत अंगारन के पुंज हैं। –पद्माकर

नारियल

प्रथमवयसि पीतं तोयमल्पं स्मरन्तः शिरसि निहितभारा नारिकेरा नराणाम्।
ददति जलमनल्पास्वादमाजीवितान्तं नहि कृतमुपकारं साधवो विस्मरन्ति।।

'अपनी आयु के प्रथम वर्ष में मनुष्यों द्वारा दिए गए जल को नारियल के वृक्षों ने पीकर, उसके भार को सिर पर धारण कर लिया। उन्होंने उस थोड़े से उपकार को याद रखते हुए आयुपर्यंत अपने मधुर जल से मनुष्यों को उपकृत किया। नारियल और साधु पुरुषों का जीवन-आदर्श एक है कि वे किए हुए उपकार को भूलते नहीं।'

भारत की समुद्रतटीय सीमा पर उगे धरती की रोमावली सदृश खड़े वृक्ष और कुछ नहीं, सुस्वादु मधुर जल का भंडार नारियल के वृक्ष ही हैं। हवा की दिशा में झुके कहीं-कहीं पर तो सागर-लहरों का चुंबन करते दृष्टिगोचर होते हैं। विचित्र आकृतिवाले ये वृक्ष यूँ तो घने छायादार वृक्षों में नहीं आते, परंतु एकदम पास-पास उगे ये सदाबहार वृक्ष नीचे की धरती को काफी शीतलता और मिलीजुली धूप-छाँव प्रदान करते हैं।

संसार के सभी ऊष्णकटिबंधीय प्रदेशों के समुद्रतट नारियल के घने वनों से आच्छादित हैं। संस्कृत के आदिग्रंथ वेदों में इस वृक्ष का वर्णन यद्यपि नहीं मिलता, परंतु वाल्मीकि **रामायण** में दो स्थानों एवं **महाभारत** में कई स्थानों पर मिलता है। संभवतः जब इन ग्रंथों की रचना हुई, वैदिक आर्य समुद्रतटीय प्रदेशों तक पहुँच गए थे। वाल्मीकि रामायण में हनुमान जब सीता की खोज में लंका पहुँचते हैं तब वहाँ की समुद्रतटीय पहाड़ियों पर नारियल एवं केतकी के वनों के बीच जा उतरते हैं–

ततः स लम्बस्य गिरेः समृद्धे विचित्रकूटे निपपात कूटे।
सकेतकोद्दालकनारिकेले महाभ्रकूटप्रतिमो महात्मा।।

संस्कृत में नारियल के लिए नारिकेल, नारिकेर एवं नालिकेल शब्द का प्रयोग मिलता है, जिसका अर्थ है जल में केलि अर्थात् जल में क्रीड़ा। वास्तव में कितना सटीक नाम है। शब्द सुनते ही जल में क्रीड़ा करते वृक्ष का चित्र आँखों के सम्मुख नाच उठता है। **अमरकोश** में नारियल के लिए नारिकेल के अतिरिक्त तृणराज, ताल, लाङ्गली शब्द भी प्रयुक्त हुए हैं–

तृणराजाह्वयस्तालो नालिकेरस्तु लाङ्गली।

ताड़-परिवार के वृक्षों के लिए ताल शब्द का प्रयोग सामान्य है। नारियल के लिए कहीं-कहीं पर 'ताल' शब्द मिलता है। पूँछ सदृश लचीले लंबे पत्तों को देखकर पूँछ का आभास हो गया, इसलिए 'लाङ्गली' नाम भी दे दिया गया है। नारियल के लिए एक अन्य नाम 'तुङ्ग' भी है जो कि वृक्ष की ऊँचाई की ओर संकेत करता है। दक्षिण भारत के सुरम्य प्रदेश केरल का नामकरण इसी 'नारिकेल' से हुआ है। नारियल के वृक्षों की अधिकता ही नहीं, वहाँ के सांस्कृतिक व दैनिक जीवन व धार्मिक अनुष्ठानों में नारियल का बहुत महत्त्व है। संभवत: इसी कारण प्रदेश का नाम केरल पड़ गया। किसी वृक्ष की महत्ता का यह अत्यंत सुंदर दृष्टांत है।

प्रशांत महासागर में भी 'कोकोस-आइलैंड' नामक एक द्वीप है। कहते हैं कि यहीं से समुद्र की लहरों के सहारे नारियल के फल बहकर भारतीय समुद्रतट तक पहुँच गए और तटीय प्रदेश में फैलकर उग गए। नारियल वृक्ष का मूल स्थान कोकोस-आइलैंड है या फिर भारत में यह प्रारंभ से ही था। सत्य जानना कठिन है। परंतु इसमें संदेह नहीं है कि आज भी अक्सर नारियल के फल गिरने के बाद लहरों के सहारे दूर तटीय प्रदेशों में पहुँचकर स्वत: उग आते हैं। संपूर्ण मालाबार तट इन वृक्षों से जिस प्रकार आच्छादित है उसमें मनुष्य के अतिरिक्त प्रकृति का भी बहुत बड़ा हाथ है। वनस्पतिशास्त्र में इसका यही नाम कोकोस-न्यूसीफेरा है।

इस वृक्ष के संबंध में श्री ब्रह्मवैवर्त्तपुराण में भी उल्लेख मिलता है। द्वारिका नगर के निर्माण के समय नगर में विभिन्न छायादार व फलदार वृक्ष लगाने व वाटिका-उद्यान बनाने की योजनाएँ बनाई गईं, तब श्री वासुदेव कृष्ण ने स्पष्ट बताया कि कौन-कौन से वृक्ष कहाँ-कहाँ पर लगने चाहिए। वहीं पर नारियल वृक्ष के संबंध में वे कहते हैं–

आश्रमे नारिकेलश्च गृहिणांच धनप्रद: ।।

आश्रम में नारियल का वृक्ष गृहस्थियों के लिए धन देनेवाला होता है। वास्तव में यह एकदम सही उक्ति है। नारियल ही एकमात्र ऐसा वृक्ष है जिसके पत्ते, डंठल, फल, फल का बाहरी लकड़ीनुमा कवच, भूसा, तना आदि सभी कुछ प्रयोग में आता है। कच्चे हरे नारियल का पानी पीने में व पके नारियल का खोपरा भोजन में और खोपरे का तेल भोजन बनाने व बालों एवं शरीर में लगाने के काम आता है। लंबे-लंबे पत्ते घर की छत छाजने के काम आते हैं, नारियल का बाहरी रेशा जिसे जटा भी कहते हैं, रस्सी, थैले, पायदान, चटाई, गद्दे बनाने के काम आता है। इसे कॉयर कहते हैं। समुद्र के खारे पानी में भी यह गलता नहीं है। इसीलिए जहाजरानी के लिए इसके रस्सों का बहुत उपयोग होता है। लक्षद्वीप, केरल, गोआ आदि प्रदेशों में इसी का बहुत बड़ा उद्योग है। ऐसा वृक्ष धनप्रद तो होगा ही। समुद्र-यात्रा पर निकले नाविक जब दुर्घटनाओं का शिकार होकर अनजान निर्जन द्वीपों में फँस जाते थे तब नारियल के फल का जल न केवल उनकी प्यास बुझाता, बल्कि कई शारीरिक व्याधियों से भी उनकी रक्षा भी करता था।

लवणयुक्त पानी पीकर और नमकीन हवा के भीतर रहकर भी मीठे सुस्वादु जल

के गुण के कारण ही शायद इसका इतना महत्त्व रहा है। भारतीय सामाजिक एवं धार्मिक अनुष्ठानों में इस फल का बहुत महत्त्व है। सगाई की रस्म जोड़ने के लिए वधू पक्षवाले लड़के के हाथ में नारियल पकड़ाते हैं और बदले में वर पक्षवाले लड़की की झोली में नारियल या खोपरा डालते हैं जिसे गोद-भराई की रस्म कहा जाता है। राजपूतों में यह प्रथा है कि लड़केवाले, लड़कीवालों के घर नारियल भेजते हैं तो उन्हें यह रिश्ता स्वीकार करना पड़ता है। नारियल अस्वीकार करना अथवा लौटाना बहुत अपमानजनक समझा जाता है। इसी बात को लेकर अक्सर बड़े-बड़े युद्ध हो जाया करते थे। दक्षिण भारत में आज भी हर मांगलिक अवसर पर सौभाग्यवती स्त्री की गोद में हल्दी रँगे चावल व खोपरा डाला जाता है। वहाँ पर लग्न मंडप भी नारियल के पत्तों को अत्यंत कलात्मकता से बुनकर बनाया जाता है और चारों कोनों पर हरे नारियल के गुच्छे लटका दिए जाते हैं। ये फल व पत्ते मांगल्य व सौभाग्यसूचक एवं समृद्धिसूचक माने जाते हैं। मंगलमय अवसरों पर घर के द्वार पर पानी से भरा कलश जिसके बीच में आम्र पल्लवों के बीच सजा नारियल एक आम दृश्य है। उत्तर भारत में वैष्णव देवी की पूजा हो या फिर बिहार की छठ पूजा अथवा बंगाल की लक्ष्मी-पूजा या फिर गोआ-महाराष्ट्र-केरल का कोई सामाजिक अथवा धार्मिक अनुष्ठान, नारियल के बिना पूरा ही नहीं होता।

उत्तर भारत में बच्चे के मुँह से जब पहला दूध का दाँत निकलता है तो नारियल तोड़कर उसका पानी बच्चे को पिलाकर गिरी देते हैं व प्रियजनों में गिरी को बाँटते हैं। मंदिरों में पूजा के समय नारियल तोड़कर उसके जल द्वारा विग्रह का अभिषेक किया जाता है और बाद में लोग गिरी को प्रसाद रूप में वितरित करते हैं। लकड़ी के सुदृढ़ खोल में सुरक्षित शुद्ध एवं पवित्र जल भला और क्या हो सकता है ! नए गृह का प्रवेश हो या किसी नए काम का प्रारंभ, नारियल तोड़कर ही प्रारंभ होता है। कोंकण प्रदेश में मछली पकड़ने का मौसम होने पर मछुआरे जब पहली बार किश्ती लेकर समुद्र में निकलते हैं तो नारियल तोड़कर समुद्र की आराधना करते व यात्रा की सफलता व सुरक्षा के लिए कामना करते हैं। वहाँ श्रावण पूर्णिमा को एक पर्व बड़े धूमधाम से मनाया जाता है, जब नारियल से समुद्र की पूजा करते हैं। इसे 'नारियल पूर्णिमा' कहते हैं। तटीय प्रदेश में रहनेवालों का जीवन समुद्र पर ही निर्भर करता है, अतः समुद्र की आराधना उनके लिए महत्त्वपूर्ण हो ही जाती है।

नारियल का वृक्ष ताड़ के वृक्षों की भाँति पतला लंबा होता है। शीर्ष भाग में परों जैसे लंबे-लंबे पत्ते होते हैं, जो कि चिकने मोटे व तीन से पाँच मीटर तक लंबे होते हैं। लंबे डंठलों में ही परों जैसे अगल-बगल पतले-पतले सींकनुमा पत्ते होते हैं जो कि अक्सर एक मीटर तक लंबे होते हैं। इन घासनुमा पतले पत्तों के कारण ही इस वृक्ष का एक नाम 'तृणराज' भी पड़ा है। ये पत्ते मजबूत परंतु लचीले होते हैं। नारियल के वृक्ष को नारियल का फल बोकर ही तैयार किया जाता है। इसके लिए नमकीन पानी व हवा दोनों ही लाभदायक होते हैं। समुद्रतट से दूर के प्रदेशों में तब नारियल लगाया जाता है जब जड़ के पास नमक भी मिट्टी में मिलाया जाता है। सूखी गर्म हवा व सूखी

ठंडी हवाएँ, पाला आदि इसके शत्रु हैं। इसीलिए यह उत्तर भारत में लगाया नहीं जा सकता। फल देने के लिए वृक्ष को कम से कम दस से पंद्रह वर्ष लगते हैं। परंतु जब एक बार फल लगना शुरू हो जाते हैं तो एक वर्ष में सौ फल तक एक वृक्ष में लग जाते हैं।

वृक्ष में नर व मादा फूल एक साथ लगते हैं। कच्चा फल तिकोना हरे रंग का मनुष्य के सिर के बराबर होता है। यह बाहरी आवरण रेशेदार होता है, पकने पर यही आवरण भूरे सख्त रेशे में बदल जाता है जिसे नारियल की जटा कहते हैं। हरे नारियल में हलके दूधिया रंग का मीठा जल भरा होता है। जैसे-जैसे फल पकने लगता है, पानी कम होने लगता है, अंदर की त्वचा सख्त लकड़ी में बदलने लगती है व उसके अंदर की सतह पर नरम गूदा बनने लगता है जो कि पर्याप्त मीठा होता है। यही गूदा सख्त होने पर गिरी बन जाता है। पक जाने पर यह गिरी सूखकर खोपरा बन जाती है जिसे 'गोला' भी कहते हैं। यही खोपरा तेल का भंडार है। यह अत्यंत शक्तिवर्द्धक व कृमिनाशक होता है। तेल में चिकनाई की मात्रा कम होने से स्वास्थ्यवर्द्धक एवं सुपाच्य होता है। शीत ऋतु में यह तेल जम जाता है, थोड़ा पुराना हो जाने पर इसके स्वाद में अंतर आ जाता है व जल्दी खराब हो जाता है।

ताड़ वर्ग के अन्य वृक्षों की भाँति इसके तने से भी रस निकाला जाता है, जो अत्यंत शीतल एवं मीठा होता है। यह रस विटामिन-बी से भरा होता है। गुर्दे के रोगों में यह रस बहुत लाभ करता है। इसके ताजे रस को 'नीरा' कहते हैं, परंतु बासी हो जाने पर नीरा खट्टी हो जाती है और शराब व मादक द्रव बन जाती है। इसे 'ताड़ी' कहते हैं। कालिदास के **रघुवंशम्** महाकाव्य में भी 'नारियल की शराब' का वर्णन आता है। दिग्विजय यात्रा के समय महाराज रघु जब महेंद्र पर्वत पर पहुँचते हैं तो उनके सैनिक पान के पत्तों के दोनों में नारियल की शराब पीते हैं–

ताम्बूलीनां दलैस्तत्र रचिता पानभूमयः
नारिकेलासवं योधाः शात्रवं च पपुर्यशः।।

नारियल ही एकमात्र ऐसा वृक्ष है जिसके सभी अंग चाहे भूसा ही क्यों न हो, काम आ जाते हैं। कई लोग इसे इसलिए 'कल्पवृक्ष' भी कहते हैं क्योंकि यह मानव की विविध प्रकार की सभी आवश्यकताओं को पूर्ण कर देता है। भारतीय संस्कृति में मांगल्य भावना का प्रतीक है। नारियल खारा पानी पीकर भी मनुष्य को मीठे सुस्वादु जल का पान ही नहीं कराता, बल्कि उसके जीवन का मूल आधार भी बनता है। पूजा में प्रयुक्त होने के काम में सुशोभित यह फल वास्तव में श्री व समृद्धि का ही फल है। नारियल अपने आपमें संपूर्ण जीवन है, जो जल का भी द्योतक है और अपने गोल आकार में वह ब्रह्मांड का भी प्रतीक है।

नीम

आम्रं छित्त्वा कुठारेण निम्बं परिचरेत् तु कः ।
यश्चैनं पयसा सिञ्चेन्नैवास्य मधुरो भवेत् ।।

जब रानी कैकेयी ने राजा दशरथ से अपने दो चिरप्रतीक्षित वर माँगे तो राजपरिवार में ही नहीं पूरी अयोध्या में हाहाकार मच गया। उस समय सुमंत्र ने रानी कैकेयी को ये वाक्य कहे–"आम को कुठार से काटकर तुम नीम की परिचर्या करती हो... क्या यह सोचती हो कि दूध से सींचने पर नीम मीठा हो जाएगा।'' अर्थात् किसी भी प्रकार की, कितनी भी तरह से परिचर्या करने पर नीम अपनी कड़वाहट नहीं छोड़ता, कड़वाहट की बात हुई तो नीम तो कड़वाहट का राजा है। इससे अधिक कड़वी चीज़ और भला क्या हो सकती है !... स्वभाव की कड़वाहट हो या फिर जुबान की, तुलना तो नीम से ही की जाती है। कहते हैं कि जिस प्रकार चंदन की सुगंध पूरे मलय पर्वत की हवा को सुगंधित बना देती है उसी प्रकार नीम पर चढ़ी तुरई (लौकी) को भी कड़वी बना देता है। ...इसीलिए तो कहते हैं करेला और नीम चढ़ा... कड़वाहट का भी अतिक्रमण हो गया।

भला यह नीम है क्या ? जब हम संसार के रंग-बिरंगे सुंदर फूलोंवाले, सुगंधित फूलोंवाले वृक्षों की बात करते हैं तो फिर बीच में यह कड़वा नीम भला कहाँ से आ गया ? षट्रस की बात तो हम जानते ही हैं। यदि मीठा, खट्टा, नमकीन रस भोजन का स्वाद है तो काषाय भी षट्रस का ही एक महत्त्वपूर्ण रस है। इन रसों का महत्त्व जाननेवाले भारतीय वैद्य इस कड़वे काषाय रस को स्वास्थ्य के लिए अत्यंत महत्त्वपूर्ण मानते रहे हैं। इसी से तो कहते हैं कि दवा कड़वी होती है... और दवा पीने की बात होते ही बड़े छोटे का मुँह बन जाता है, पीने से पूर्व ही मुँह का स्वाद कड़वा हो जाता है। तो बात चली नीम की... भारतीय धरती का सबसे अधिक जाना-पहचाना वृक्ष नीम ही तो है। हिमालय के बर्फीले क्षेत्र को छोड़कर, चाहे रेगिस्तान हो या फिर समुद्रतट, नीम का पेड़ लगभग पूरे भारत में पाया जाता है। नीम को संस्कृत में निम्ब, पिचुमर्द, पिचमंद, पारिभद्र आदि नामों से पुकारा जाता है।

"पिचमन्दश्च निम्बेऽथ पिच्छिलाऽगुरु शिंशपा।'' वनस्पतिशास्त्री इसे 'अजरिडक्टा इंडिका' कहकर पुकारते हैं।

नीम का वृक्ष अत्यंत घना एवं विशाल और छायादार होता है। सड़क के किनारे, घर, आँगन, जंगल सभी जगह यह पाया जाता है। इसके पत्ते छोटे नुकीले लंबे व

कटावदार होते हैं जो कि एक पतली लंबी सींकनुमा डंठल में आमने-सामने लगे होते हैं। यह डंठल लगभग एक फुट लंबा होता है। टहनी के अग्रभाग में पत्तों की टहनियाँ लगती हैं। छायादार होने पर भी यह पर्णपाती वृक्ष है। परंतु अन्य वृक्षों की तरह यह एकदम पत्ते न झाड़कर धीरे-धीरे झाड़ता है। और कई बार लंबी अवधि तक पत्ते झड़ते रहते हैं। यूँ भी एक इलाके के सभी पेड़ों में एक साथ पतझड़ न आकर और अलग-अलग आता है। पीले सुनहरे पत्ते धीरे-धीरे झड़ते अत्यंत सुंदर लगते हैं मानो स्वर्ण पत्तों की वर्षा हो रही हो। पत्ते झड़ने के साथ ही नन्ही-नही कलियाँ गुच्छों-शाखाओं में लगने लगती हैं। पूरे वृक्ष में दूधिया श्वेत मंजरी के गुच्छे खिलकर महकने लगते हैं। साथ ही हवा में एक कसैली मीठी गंध फैल जाती है। कवि अज्ञेय को नीम की यह कसैली गंध किसी भी अन्य पुष्प की गंध से अच्छी लगी और प्रेम की बराबरी वे इससे कर बैठे—

> "लेकिन कहाँ है नीम के बराबर सौरभ... वह सौरभ जिसे मैं भूल नहीं सकता, जो मुझमें परिव्याप्त है। नीम का स्वाद कटु है। गंध मधुर, ऐसा ही प्रेम है रंग सुंदर है और स्पर्श कठोर।''
>
> —शेखर एक जीवनी...

वास्तव में अज्ञेय की यह अनुभूति ही सत्य है। जब नीम का फूल खिलता है तो पूरा वातावरण महकने लगता है... साथ ही नन्हे मंजरी जैसे श्वेत कोमल पुष्प झरने लगते हैं, नीचे की धरती फूलों से ढक जाती है... और यदि इन्हीं खिलते फूलों की ऋतु में वर्षा आ जाए तो फिर देखिए... यह कसैली महक धरती तक में समा जाती है और जब तक धरती भली प्रकार सूख नहीं जाती नीम की गंध में ही डूबी रहती है। फूल समाप्त होते ही छोटे हरे रंग के फल गुच्छों में आ जाते हैं। नीम के ये फल पकने पर हलके पीले सुनहरे रंग के हो जाते हैं... अंदर भरा होता है कुछ-कुछ काषाय मीठा रस। पकने पर यह निबोली अपने आप टपकने लगती है जैसे महुआ टपकता है। जी हाँ ! नीम के फल को निबोली कहते हैं। फल के काषाय स्वाद के बावजूद बुलबुल, कौए आदि पक्षी और बच्चे भी इसे खूब शौक से खाते हैं। फल नीचे गिरते ही गल जाता है, परंतु पक्षियों व गिलहरी आदि के कारण इसके बीज यत्र-तत्र बिखर जाते हैं और जहाँ देखो वहीं पर अंकुरित हो उगने लगते हैं। धरती में अंकुरित होने की इस तीव्र प्रक्रिया में नीम, अश्वत्थ अथवा बरगद से कम नहीं। इधर बीज गिरा उधर अंकुरित हुआ। ताड़ के वृक्षों के बीच में पक्षियों द्वारा गिराए जाने पर नीम के बीज उग जाते हैं और अक्सर ताड़ व नीम सुदृढ़ बंधन में जकड़े दिखाई देते हैं। यदि समय रहते सफाई न की जाए तो नीम के वृक्ष के नीचे व अगल-बगल में नीम का ही एक विशाल जंगल उग आए। नीम की लकड़ी अत्यंत मजबूत व वृक्ष की आयु दीर्घ होती है। कड़वाहट के कारण दीमक आदि का प्रभाव नीम पर नहीं हो पाता। फर्नीचर व खेतों के औजार बनाने के लिए यह लकड़ी बहुत अच्छी रहती है। नीम में अक्सर खोखले स्थान कोटर वृक्ष के तनों व शाखाओं में हो जाते हैं। इसमें तरह-तरह के पक्षी आदि घर बना लेते हैं। तोतों के झुंड अक्सर नीम पर बसेरा डाले रहते हैं।

कड़वाहट की बात करें तो नीम कड़वाहट का भंडार है। पत्ते, डंठल, टहनी, फूल-फल, लकड़ी, इसका कोई भी अंग ऐसा नहीं जिसमें कड़वाहट न हो और इसकी यह कड़वाहट ही इसकी संपदा है। वायु को शुद्ध करने से लेकर अनाज व कपड़ों की कीड़ों से सुरक्षा के लिए, रक्तशोधन एवं चर्म रोगों के इलाज के लिए नीम अत्यंत गुणकारी है। वैद्यकशास्त्र की यह अत्यंत महत्त्वपूर्ण दवा है। चेचक, खसरा आदि रोगों के समय इसके पत्ते रोगी के पलँग के पास व दरवाजे पर लगाए जाते थे ताकि कमरे का वातावरण शुद्ध रह सके। खिड़की पर नीम के बंदनवार बाँधे जाते थे व नीम के पत्तों का धुआँ भी कमरे में किया जाता। आंध्रप्रदेश में नववर्ष प्रारंभ होने पर 'युगादि' नामक पर्व पर द्वार पर आम्रपल्लव बाँधे जाते और एक षटरस पेय बनाया जाता है जो मित्र व बांधवों में बाँटा भी जाता है। इस पेय में नीम के कोमल फूल, इमली, नया गुड़, नमक आदि सभी पदार्थ डालकर यह पच्चड़ी बनाई जाती है। खट्टे-मीठे इस पेय में खट्टे-मीठे स्वाद के साथ नीम के फूलों की कड़वाहट अच्छी लगती है। आम व तुलसी के विवाह क़ी प्रथा की भाँति आम व नीम के विवाह को भी एक धार्मिक प्रथा के रूप में मनाया जाता है। इस प्रथा का क्या प्रतीक होगा मालूम नहीं। परंतु इस अवसर पर लोग बहुत श्रद्धापूर्वक भाग लेते एवं पूजा-अर्चना करते हैं। वैसे शीतला माता के पूजन में नीम के पत्तों से ही अर्चना होती है। आपको जानकर आश्चर्य होगा कि जगन्नाथपुरी के जगन्नाथ, बलभद्र एवं सुभद्रा की लकड़ी की मूर्तियाँ नीम वृक्ष की लकड़ी से ही बनाई जाती हैं। किस वृक्ष की लकड़ी इस उद्देश्य से काटी जाए इसकी खोज भी कम मजेदार नहीं। किसी भी वृक्ष को काट लें ऐसा नहीं होता। प्रत्येक 12 वर्ष में नई लकड़ी से यह मूर्तियाँ गढ़ी जाती हैं। इसके लिए जंगल जाकर विशेष लक्षणयुक्त वृक्ष को खोजा जाता है, फिर काटने से पूर्व वृक्ष के देवता को प्रणाम करके क्षमा प्रार्थना करते हैं और वृक्ष से उसे काटने की अनुमति माँगते हैं। पूर्जा-अर्चना के बाद ही वृक्ष काटा जाता है। तत्पश्चात् बड़े आयोजनपूर्वक वृक्ष का तना काटकर मनोवांछित कुंदा निकाला जाता है। इसी में से मूतियाँ तैयार करके उन्हें चित्रित किया जाता है। मूर्ति बनाने का यह अधिकार वहाँ की शबर जाति को ही प्राप्त है। मूर्ति तैयार हो जाने पर उसे मंदिर में स्थापित कर दिया जाता है। वास्तव में यह नीम की लकड़ी का ही कमाल है जो इतने वर्षों तक बिना सड़े-गले निरंतर दूध, पानी, नारियल के अभिषेक को स्वीकार कर पाती है।

नीम के गुणों के कारण ही इसके वृक्ष लगाने का महत्त्व आम या पीपल से कम नहीं रहा।

"निम्बत्रयं समारोप्य नरो धर्मविचक्षण: ।
सूर्य्यलोकं समासाद्य वसेदब्दायुतत्रयम् ।।

श्रीब्रह्मवैवर्तपुराण के रासक्रीड़ा प्रकरण में श्रीकृष्ण-राधा जब विभिन्न वनों में रास करते हुए विचरण करते हैं, तब कदंब वन, तुलसी वन, चंपक वन के साथ-साथ

नीम-अरण्य में भी रासलीला करते हैं–

"निम्बारण्ये मधुबने जम्बीरकानने तथा। नारिकेलवने पूगवने च कदलीवने।।"

नीम को 'मागोसा' भी कहते हैं। नीम के फल के बीजों के तेल से चर्मरोगों और फुंसियों के इलाज के लिए मल्हम व साबुन बनाए जाते हैं। प्रसिद्ध 'मार्गो सोप' व 'नीम सोप' इसी से बनते हैं। बची हुई खली पौधों की जड़ों में नाइट्रोजन तत्त्व के रूप में डाल दी जाती है। कड़वाहट के कारण दीमक के साथ-साथ अन्य कीट-कृमि से पौधे की रक्षा हो जाती है। वर्षा ऋतु में इसके पत्तों से उबाले पानी में स्नान करने से बरसाती कीड़ों से बचाव होता है। फोड़े-फुंसियाँ एवं चर्मरोगों के लिए तो यह अचूक रामबाण औषधि है। इसकी नरम कोंपल की चटनी एवं रस का सेवन करने से पेट के कई विकार दूर हो जाते हैं और रक्त शुद्ध होता है। महात्मा गाँधी के भोजन में नीम का रस एवं चटनी अनिवार्य अंग थे। पत्तों को सुखाकर अनाज-मसालों एवं गर्म एवं रेशमी कपड़ों में रखने से कीड़े नुकसान नहीं पहुँचा सकते। कड़वा सच तो यह है कि नीम के उपयोगों व विविध प्रयोगों पर एक पूरा ग्रंथ तैयार हो सकता है। वास्तव में इसकी उपयोगिता पर और भी शोध व प्रयोग किए जाने चाहिए। विश्व के वैज्ञानिक इस वृक्ष की महत्ता को स्वीकार कर चुके हैं। वायु प्रदूषण से सुरक्षा में नीम का बहुत योगदान है। एक नीम का वृक्ष अपने चारों ओर घिरते धुएँ, यातायात के परिवाहनों द्वारा उत्सृष्ट कार्बन इत्यादि के बीच न केवल सुदृढ़ता से जीवित रहता है अपितु हवा को तीव्रता से शुद्ध भी करता है। प्रदूषण की समस्या से यही हमें छुटकारा दिला सकता है। जब भारत में टुथपेस्ट, टुथब्रश का रिवाज भी नहीं था तब नीम की दातौन ही यहाँ स्वस्थ साफ दाँतों का मुख्य आधार थी। गाँव में आज भी लोग सुबह उठकर नीम की दातौन से दाँत साफ करते हैं। संसार के सभी दंतविशेषज्ञों ने इसकी महत्ता को स्वीकार कर नीम का टुथपेस्ट भी बना डाला है। अब यह बात और है कि उसमें नीम कितना व किस रूप में हैं ? चरक संहिता में लिखा है कि नीम के पत्ते चबाने से सर्पविष से रक्षा होती है। इतना कड़वा होने पर भी ऊँट इसकी पत्तियाँ बड़े चाव से खाता है। इसके संबंध में संत कबीर भी कह गए–

मीठा सब कोई खात है, विष है लागै धाय।
नीम न कोई पी सके सर्व रोग मिट जाय।।

जीवन भी तो कडवाहटों से परिपूर्ण है परंतु भला कौन इन्हें स्वीकारना चाहता है ? सभी सुख चाहते हैं परंतु केवल सुख भला कैसे हो सकता है ! सुख-दुख दोनों मिलकर ही तो जीवन को संपूर्ण बनाते हैं। वास्तव में नीम के इतना उपयोगी वृक्ष होते हुए भी रूप सौंदर्य के पीछे भागनेवाले वृक्षप्रेमियों ने इसे उचित सम्मान नहीं दिया। इसके मोती जैसे फूलों के सौंदर्य व महक को वे न जान सके और इसे मात्र रास्ते के किनारे का

अशोक

अश्वत्थ

कदंब

कर्णिकार

कोविदार

नारियल

नीम

पलाश

पारिजात

बकल

बाँस

बिल्व

वट

शाल्मली

शिरीष

सहकार

वृक्ष बना डाला। भला कभी उद्यान योजना में इसका स्थान किसी ने रखा ? इसे उद्यान में न लगाया...। यह बात अलग है कि श्रावण के झूले आम पर ही नहीं नीम पर भी डाले जाते हैं... ये ही सुकुमारी युवतियों की आकाश तक जाती पेंगों के झकोरों को सह सकते हैं, गुलमोहर या अमलतास नहीं। परंतु अब तो श्रावण के झूले न रहे, ना रहीं झूलनेवाली बालाएँ... महानगरों में रहनेवाले इस महान वृक्ष को पहचानकर इसे उचित स्थान प्रदान कर दें, यही बहुत है।

पलाश

बालेन्दुवक्राण्यविकासभावाद्बभुः पलाशान्यतिलोहितानि।
सद्यो वसन्तेन समागतानां नखक्षतानीव वनस्थलीनाम्।।

—कुमारसंभवम्

'लोहित वर्णीय बालचंद्र समान वक्राकृतिवाला पलाश का पुष्प देखकर ऐसा प्रतीत होता है मानो वसंत द्वारा वनस्थली से समागम पर उसके वक्षस्थल पर लगाए गए नखचंद्र के घाव हैं।' भारतीय वाङ्मय में संस्कृत के आदिग्रंथ वेदों से लेकर हिंदी, बंगला, मैथिली, भोजपुरी, अवधी, ब्रज सभी भाषाओं के काव्य में फाल्गुन ॠतु के वर्णन का आधार ही पलाश रहा है। तोते की लाल चोंच से उसकी समाकृति देखकर न जाने कब और किसने इसका नाम किंशुक–क्या शुक (तोता) है ?–रख दिया और यह प्रश्न और उत्तर दोनों एक-दूसरे में समाहित से हो गए। किसी भी पुष्प का इतना सुंदर सजीव चित्रात्मक वर्णन और भला क्या हो सकता है ? वेदों में यह पलाश नाम से वर्णित हुआ है, परंतु वहाँ यह औषध के रूप में ही आया है। **अथर्ववेद** में आया है–

अलाबूनि पृषातकान्यश्वत्थपलाशम्।
पिपीलिकावटश्वसो विद्युत्स्वापर्णशफो गोशफो जरितरोऽथामो दैव।।

'तूंबी आदि बेलें, पृषातक, पीपल, पलाश, पिपीलिका, वटश्वस, बिजुली, स्वापर्णशंफ और गोशफ हैं उन सबमें हे स्तुति करनेवाले ! परमात्मा को देवता माननेवाले विद्वान् ! सब ओर से हम उठते हैं।' वाल्मीकि **रामायण** में किंशुक का वर्णन रक्तरंजित शरीर की उपमा के रूप में आता है। युद्ध कांड में, राम-लक्ष्मण के रक्तरंजित घायल शरीर को देखकर कवि कहते हैं–

तेनातिविद्धौ तौ वीरौ रुक्मपुंखैः सुसंहतैः।
बभूवतुर्दाशरथी पुष्पिताविव किंशुकौ।।

लंका में रात्रि के समय दीपों की लौ को देखकर भी उन्हें किंशुक की याद आ गई–

रात्रौ सा दृश्यते लङ्का पुष्पितैरिव किशुंकैः।

वाल्मीकि द्वारा सबसे सुंदर चित्रण तो इंद्रजीत एवं लक्ष्मण के रक्तरंजित शरीर का

हुआ है–

तयोः कृतव्रणौ देहौ शुशुभाते महात्मनोः।
सुपुष्पाविव निष्पत्रौ वने किंशुकशाल्मली।।

दोनों वीरों के लहूलुहान शरीर देखकर ऐसा प्रतीत होता था कि शाल्मली एवं पलाश के फूलों से लदे (लाल) वृक्ष खड़े हों। दोनों वृक्षों के आकार का अंतर एवं घायल शरीर! कितना सचित्र जीवंत वर्णन है! **महाभारत** में कवि द्वैत वन की शोभा का वर्णन करते हुए जिन वृक्षों का उल्लेख करते हैं, किंशकु उनमें से एक है–

किंशुकाशोकबकुलपुन्नागैरुपशोभितम्।
कर्णिकारधवप्लक्षैःसुपुष्पैरुपशोभितम्।।

पलाश, अशोक, बकुल, पुन्नाग, कर्णिकार, धव तथा प्लक्ष आदि सुंदर फूलों के वृक्षों से यह पर्वत सुशोभित है। **मनुस्मृति** में ग्राम-सीमा पर लगाए जानेवाले वृक्षों में पलाश भी बताया गया है–

सीमावृक्षांश्च कुर्वीत न्यग्रोधाश्वत्थकिंशुकान्।
शाल्मलीसालतालांश्च क्षीरिणश्चैव पादपान्।।

वट, पीपल, किंशुक, सेमल, शाल, ताड़ (ताल) एवं खीरनी के वृक्ष सीमा पर लगाने चाहिए। कालिदास, भारवि, बाण, श्रीहर्ष आदि कवियों ने भी प्रकृति वर्णन में किंशुक का बार-बार वर्णन किया है। यह बात अलग है कि कहीं वियोग और कहीं संयोग शृंगार के उद्दीपक के रूप में आया है। सबसे मज़ेदार बात तो यह है कि पलाश का वृक्ष टेढ़ा-मेढ़ा साक्षात् अष्टावक्र रूपवाला होता है, परंतु पत्ररहित वृक्ष पर जब लाल नारंगी रंग के फूल खिलते हैं तो पूरा वनप्रांतर आकर्षण का केंद्र बन जाता है–

निष्पत्रैः सर्वतो रम्यैः प्रदीप्तः इव किंशुकैः।

पत्ररहित वृक्ष पर फूल खिले हैं मानो लौ की लपट हो। अंग्रेज़ी में इसका नाम फ़्लेम ऑफ फ़ारेस्ट–'बड़वानल' अथवा जंगल की आग–पलाश के इसी प्रचलित रूप को चित्रित करता है। इसका एक और विचित्र परिचय पलाश नाम में 'पलं' अश्नाति इति पलाश' मांस खानेवाला–मिलता है। कामदेव के धनुष के समान वक्राकार आकृतिवाला यह पुष्प मनुष्य के हृदय का भक्षण करता है, इसीलिए पलाश कहलाया। बेचारा पलाश! सुंदरियों के हृदय को आलोड़ित करनेवाला, फाल्गुनी बयार का दूत मांसाहारी कहलाया। कविगुरु ने फाल्गुनी बयार की नववधू सुंदरी का शृंगार पलाश के कुंकुम एवं चाँदनी के चंदन द्वारा किया।

पलाशेर कुंकुम चाँदनीर चंदन –ओगो वधू सुंदरी

कहते हैं कि बंगाल स्थित प्लासी का मैदान इन पलाश वृक्षों की बहुतायत के कारण ही इस नाम से लोकप्रसिद्ध हुआ। प्रसिद्ध प्लासी का युद्ध यहीं पर हुआ था, जिसने बंगाल के साथ-साथ पूरे भारत के इतिहास की रूपरेखा ही बदल दी। वामन पुराण के अनुसार यमराज के दक्षिण पार्श्व से पलाश उत्पन्न हुआ– *"यमस्य दक्षिणे पार्श्वे पलाशो।"* किंशुक पलाश, टेसू व ढाक के नाम से प्रसिद्ध यह पुष्प 'ब्यूटिआमोनोस्पर्मा' कहलाता है। ब्यूटिआ नाम इसे प्रसिद्ध वनस्पतिज्ञ अर्ल ऑफ़ ब्यूट के नाम पर दिया गया। मोनोस्पर्मा का अर्थ है एक पत्र (बीज) वाला। यज्ञ व हवन आदि पूजा के लिए प्रयोग किए जाने से इसे 'याज्ञिक' भी कहते हैं। पलाश का अन्य नाम टेसू या टेशू उत्तरप्रदेश व राजस्थान में बहुत प्रचलित है। टेसू नाम कैसे पड़ा, यह तो नहीं मालूम, परंतु हाँ, होली के अवसर पर गीत गाती स्त्री-दल के गीतों में गुलाल-अबीर के साथ टेसू को भी खूब याद किया जाता है। होली के गीत ही नहीं, रंगों में भी टेसू का रंग होली को और भी मदमस्त बना देता है–

'टेसू रंग डारी मोरी सारी कन्हाई।'

सो कन्हाई ने भी अबीर-गुलाल का रंग तो लगाया ही, साथ ही टेसू के रंग में गोरी को सराबोर कर दिया... बेचारी की साड़ी बुरी तरह भीग गई।

यह तो हुआ फूल। और बेचारे पत्ते ! पत्ते तो पत्ते ही रह गए... फूल के सम्मान में पन्ने पर पन्ने भरे जा रहे हैं और ढाक के वही तीन पात ! पत्ते के लिए कोई नहीं कहता कि यह पलाश या टेसू का है। पत्ता तो कहलाता है ढाक का, है न विचित्र बात ! एक ही परिवार में इतना भेदभाव ! यह क्यों और कैसे हुआ ? कोई नहीं जानता। इनके एक दल में तीन पत्ते होते हैं जिसमें बीचवाला पत्ता अन्य दो पत्तों से बड़ा होता है। तीन पत्ते होने के कारण इन्हें ब्रह्मा-विष्णु-महेश का प्रतीक माना जाता है। पूजा के नैवेद्य में केले के पत्ते की भांति पलाश का पत्ता पवित्र माना जाता है और प्रसाद आदि के लिए प्रयोग किया जाता है। इसकी लकड़ी के चम्मच व लकड़ी की समिधा का प्रयोग हवन, यज्ञ व अन्य धार्मिक अनुष्ठानों में होता है। **वामनपुराण** के अनुसार श्रीविष्णु के वामन अवतार को ब्रह्मापुत्र मारीचि ने पलाश दंड दिया था।

पलाश का वृक्ष मध्यम आकार का गांठदार तनेवाला वक्राकार टेढ़ा-मेढ़ा होता है। शीत ऋतु में जब इसके पत्ते झड़ जाते हैं तब यह बहुत ही बेडौल व कुरूप लगता है। परंतु फरवरी के अंत में जब इसकी टेढ़ी-मेढ़ी शाखाओं में भूरे काले रंग की मखमली रोएँदार त्वचा में काली कलियाँ आने लगती हैं तो मानो पूरा दृश्य ही बदल जाता है। पूरी टहनी नन्ही-नन्ही नुकीली लंबी कलियों के गुच्छों से भर जाती है। वास्तव में रोएँ के कारण ही यह मखमली जान पड़ती है। होली के आसपास मार्च के प्रथम सप्ताह में इसके फूल खिलने शुरू हो जाते हैं। फूल नारंगी लाल रंग के, चिकनी घूमी हुई पंखुड़ीवाले होते हैं। शीघ्र ही पूरा वृक्ष इन चटक-चमकीले फूलों से भर जाता है। पुष्प की गहरी भूरी काली कली की बाह्य त्वचा के कारण ये फूल और भी आकर्षक लगने लगते हैं।

ये फूल यों तो गंधहीन होते हैं परंतु यदि ध्यान से टेसू को सूँघा जाए तो एक मीठी-सी मद्धिम महक इनसे आती है। इन्हीं पंखुडियों को सुखाकर उनसे नारंगी रंग तैयार किया जाता है। यह रंग यों तो पक्का नहीं होता, परंतु होली पर इसका विशेष महत्त्व होता है। इसके फूल रात को भिगो दिए जाते हैं और सुबह उसका नारंगी रंग तैयार हो जाता है, जिसमें से अत्यंत भीनी-भीनी गंध आती रहती है। राजस्थान में तो विवाह आदि मांगलिक अवसरों पर इस रंग के छींटे दिए जाते हैं। यह सूखे फूल पंसारी की दुकान पर आसानी से मिल जाते हैं। ऐसा भी विश्वास है कि टेसू का रंग स्वास्थ्यप्रद होता है और होली पर इसके रंग का प्रयोग शरीर के लिए लाभप्रद होता है।

पलाश के फूलों के अतिरिक्त इसके पत्ते बहुत उपयोगी माने जाते हैं। गोल आकृतिवाले चिकने मोटे पत्तों का प्रयोग धार्मिक अनुष्ठानों में तो किया जाता है ही, साथ ही पत्तल व दौनों के रूप में भी ये बहुत प्रयोग में आते हैं। निर्धन लोगों के लिए ये पत्ते ही घर की थाली, कटोरी का काम करते हैं। शादी हो या भोज, जहाँ बड़ी संख्या में पंगत में भोजन प्रस्तुत करना हो, पलाश के पत्तों के पत्तल-दौने ही प्रयोग किए जाते हैं। भारत में तो आज भी शादी, दावत व पूजा आदि सभी उत्सवों में इसके पत्तल-दौनों का प्रयोग किया जाता है। चाट-प्रेमी जन तो चाट दौने, पत्तल में खाना पसंद करते हैं। आखिर पत्तल को चाटने का भी एक आनंद होता है। इसके पत्ते चिकने होते हैं, इसलिए पानी से आसानी से धो लिए जाते हैं और चूँकि मोटे होते हैं इसलिए सूखने पर भी खराब नहीं होते हैं। पत्तल-दौने बनाकर महीनों रखे रहते हैं, मजाल है कि पत्ते टूट जाएँ। आज भी हजारों लोगों की आजीविका का साधन 'ढाक का यह पात' ही है। स्त्री-पुरुष जंगलों से पलाश के पत्ते तोड़ लाते हैं और खाली समय में घर बैठे-बैठे पत्तल-दौने बनाकर आजीविका कमाते हैं। अति आर्द्र व शुष्क प्रदेशों को छोड़कर पूरे भारत में पलाश पाया जाता है। इसके बीज स्वयं उड़कर इधर-उधर जम जाते हैं और ढाक के जंगल उग आते हैं।

पलाश का पौधा चूँकि छायादार नहीं होता, संभवतः यही कारण है कि यह घरों में लगाया नहीं जाता। वृक्ष भी आकार में छोटा व लकड़ी भी हलकी व कच्ची होती है। गाँठदार होने के कारण केवल हवन व यज्ञ के चम्मच आदि ही इससे बनाए जाते हैं। इस वृक्ष की गोंद का प्रयोग दवाओं में किया जाता है। अरावली, विंध्याचल व सतपुड़ा के पर्वतीय क्षेत्रों में पलाश के वृक्ष बहुतायत से पाए जाते हैं। फाल्गुन माह में जब ये वृक्ष एकसाथ खिल उठते हैं तो कवि भारवि के शब्दों में, जंगल में आग धधकने लगती है। फाल्गुनी में कवि ठाकुर को पलाश के सौंदर्य में नशा भी मिला हुआ जान पड़ता है। और चंपा के साथ यही नशा मिलकर रस का जाल बुन देते हैं–

एक टुकु छोआयां लागे, एक टुकु कथा सुनि
ताइ दिए मने मने, रुचि मम फाल्गुनी
किधु पलाशेर नेशा, किधु वा चांपाय मेशा
ताइ दिए सुरे सुरे रहे रस जाल बुनि।

पारिजात

कृतावर्तात्ततस्तस्मात्क्षीरोदाद्वासयञ्जगत्-
गंधेन पारिजातोऽभूद्देवस्त्रीनंदनस्तरुः ।। **—श्रीविष्णुपुराण**

क्षीर सागर का मंथन करने पर अपनी सुंगध से संपूर्ण जगत को सुवासित करते हुए और तीनों लोकों को आनंदित करते हुए पारिजात वृक्ष उत्पन्न हुआ—नंदन कानन के पाँच दिव्य कल्पतरुओं में से एक पारिजात—अर्थात् समुद्र से उत्पन्न। क्षीर सागर से उत्पन्न इस वृक्ष को इन्द्र ने नंदन कानन में लगा दिया। स्वर्ग से यह वृक्ष धरती पर कैसे पहुँचा इसकी कथा अत्यंत रोचक है। इंद्र के निमंत्रण पर श्रीकृष्ण एक बार स्वर्ग लोक में अपनी पत्नी रुक्मिणी के साथ पहुँचे। श्रीकृष्ण का स्वागत करते हुए इंद्र ने रुक्मिणी को पारिजात पुष्प भेंट किया जिसे उसने अपने केशों में धारण कर लिया। द्वारिका लौटने पर श्रीकृष्ण की दूसरी पत्नी सत्यभामा ने रुक्मिणी के केशों में सजे पारिजात पुष्प को देखा तो श्रीकृष्ण से आग्रह करने लगीं उन्हें यह पुष्प नहीं उसका पौधा ही चाहिए। श्रीकृष्ण द्वारा पौधा माँगने की प्रार्थना को इंद्र ने ठुकरा दिया। तब श्रीकृष्ण ने इंद्र पर चढ़ाई कर दी और पारिजात का पौधा छीन लाए और द्वारिका में प्रतिष्ठित कर दिया। इस प्रकार यह दिव्य वृक्ष पृथ्वी पर पहुँचा।

पारिजात को क्षीर सागर से उत्पन्न दिव्य पुष्प मानने के पीछे अन्योक्ति कैसी भी रही हो, परंतु इसमें तनिक भी संदेह नहीं कि इस पुष्प के रूप एवं गंध ने शताब्दियों पूर्व हमारे विद्वान् मनीषियों को भी खूब सम्मोहित कर दिया होगा, जिस कारण इसे दिव्य पुष्प का सम्मान प्राप्त हो गया। संस्कृत में ही नहीं बंगला, उड़िया, तेलुगु, मैथिली, ब्रज, अवधी आदि सभी भाषाओं में इसके सुंदर रूप का वर्णन खूब हुआ है।

संस्कृत में पारिजात को शेफालिका नाम से भी संबोधित किया गया है। अर्थात् वह फूल जिसमें शिलीमुख (भँवरा) आनंदपूर्वक सोता है। यही शेफालिका बिगड़कर शेफाली, सेपाली, शिऊली बन गई है। मैथिली में इसे समसिंहार के नाम से पुकारा गया अर्थात् कल्याण करनेवाले शिव का श्रृंगार अर्थात् हरसिंगार। लैटिन में इसे 'निकेटेन्थस आर्बोट्रिस्टिस' कहते हैं जिसका अर्थ है रात का शौक। इस वृक्ष के पुष्प चूँकि सूर्योदय होते ही वर्षा की बूँदों की तरह झरने लगते हैं, कदाचित इसीलिए झरते श्वेत पुष्पों को देखकर किसी ने इसमें झरते आँसुओं की कल्पना करके इसे 'शोक तरु' भी कह दिया है। इसी वेदना का अनुभव करते हुए महादेवी वर्मा ने भी यही कहा—

सूर्य निकला नहीं कि वृक्ष के नीचे की पूरी धरती श्वेत कुसुंभी रंग के नाजुक सुगंधित पुष्पों से ढक जाती है। सूर्य को इतना सुंदर अर्घ्य और भला क्या हो सकता है ? कविगुरु रवींद्रनाथ ठाकुर ने भी कहा है, *मातार कंठे शेफाली माल्य गंधे भरे छे अवनी*–धरती माता के गले में शेफाली की मालाएँ शोभित हो रही हैं और गगनमंडल तक सुवासित हो उठा है। इसे रात में खिलनेवाली चमेली (नाइट जैस्मिन) भी कहते हैं और इसके कुसुंभीवर्णी डंठलों के कारण (कोरल जैस्मिन) मूँगा चमेली भी कहते हैं। इस नन्हे पुष्प के अनगिनत नाम स्वयं उसके रूप को चित्रित कर देते हैं। इसके पुष्प रात को खिलते अवश्य हैं परंतु जब तक सूर्योदय नहीं होता नीचे नहीं झड़ते। यदि आपने प्रकृति के एक अन्यतम दृश्य का आनंद उठाना हो तो कभी सूर्योदय के समय किसी पारिजात के वृक्ष के नीचे खड़े हो जाइए और श्वेत नारंगी रंग की सुगंधित वर्षा में भीगने का आनंद उठाइए। वृक्ष से स्वतः झड़ते पुष्प आपके तन-मन को रस व आनंद से सराबोर कर देंगे। संभवतः संस्कृत में इसलिए इसे एक अन्य नाम 'पुष्पवर्षिणी' भी कहा गया।

पारिजात की श्वेत पंखुड़ियाँ मोम जैसी चिकनी एवं सख्त होती हैं और गहरे नारंगी रंग के नलीनुमा डंठल से जुड़ी रहती हैं। छह अथवा सात पंखुड़ीवाले ये पुष्प टहनी के अग्र भाग में गुच्छे में लगे रहते हैं। वर्षा ऋतु की समाप्ति होने के बाद जब शरद ऋतु आती है तब इसके फूल खिलने लगते हैं। फूलों के खिलने की सूचना हवा पर सवार होकर सुगंध दूर-दूर तक फैलने लगती है, परंतु ये पुष्प झड़ते सूर्योदय के समय ही हैं। एक कथा के अनुसार पारिजात में श्वेत सत्यभामा अर्थात् सत्य व नारंगी लाल रंग रुक्मिणी अर्थात् प्रेम का प्रतीक है और दोनों के मिलन से ही पुष्प में दिव्य सुगंध की पूर्णता आती है तब ही श्रीकृष्ण रूपी भगवान की प्राप्ति होती है। पारिजात को लाने का श्रेय भी तो उन्हीं को है।

पारिजात वृक्ष मध्यम आकार का झाड़ीनुमा होता है। इसकी टहनी सीधी व सख्त होती है। इसकी टहनी व पत्ते तीखे रोओं से भरपूर खुरदरे होते हैं। ये नन्हे रोएँ काँटों से कम तीखे नहीं होते। ये पत्ते ऊपर से गहरे रंग के चिकने परंतु नीचे हलके सलेटी रंग के तीखे काँटेदार खुरदरे होते हैं। इन सख्त पत्तों से कहीं-कहीं पर लोग लकड़ी पर रेगमार का काम लेते हैं। इसकी टहनियाँ गोलाकार न होकर चौकोर होती हैं। इनमें लचीलापन अपेक्षाकृत कम होता है। यही कारण है कि झुकाने पर ये जल्दी टूट जाती हैं। इसे सृष्टि का आश्चर्य ही कहेंगे कि इतने आकर्षणहीन रूखे खुरदरे वृक्ष पर इतने कोमल कमनीय पुष्प खिलते हैं। पुष्प की समाप्ति के बाद हरे रंग के गोल चपटे फल वृक्ष पर लग जाते हैं। ये फल देखने में अच्छे लगते हैं। पक जाने पर इन फलों को बटोर लिया जाता है और इन्हीं से नए वृक्ष तैयार किए जाते हैं। शीत ऋतु में वृक्ष अपना आकर्षण खो देता है। जून-जुलाई मास में नए पत्ते आने पर यह पुनः हरे-भरे रूप में आ जाता है।

पारिजात एक तनेवाला वृक्ष न होकर झाड़ियों की तरह कई तनोंवाला होता है। अक्सर जड़ के पास से कई तने निकल आते हैं। बीच का मुख्य तना रखकर वृक्ष को नियंत्रित किया जा सकता है। अत: फालतू तने काटते रहना चाहिए और एक मुख्य तना रख लेना चाहिए। फूल समाप्त होने के बाद ही तने को काटकर नियंत्रित कर लेने से वह सुंदर आकार में बढ़ता है। यह बहुत ही आसानी से पनपनेवाला वृक्ष है। दो वर्ष पुराने वृक्ष पर भी फूल खिलने लगते हैं।

पारिजात के संबंध में एक उक्ति प्रसिद्ध है कि पारिजात को पड़ोसी के घर की चारदीवारी के पास लगाना चाहिए–क्यों ? इसलिए जब उससे फूल झड़ेगा तो स्वत: आपके आंगन में गिरेगा और साथ में सुगंध भी मुफ्त में, है न मज़ेदार ? बिहार, उत्तरप्रदेश, बंगाल में बालिकाएँ इसके फूलों से अपने वस्त्र और चूनर रँगती हैं। चढ़ने पर इसका रंग हलका नारंगी पीला अत्यंत सुंदर लगता तो है ही, साथ ही वस्त्र में भीनी-भीनी गंध भी समा जाती है। लोग इसके फूलों के डंठल सुखाकर मीठे पुलाव को केसरिया रँगने में माहिर होते हैं। प्रकृतिप्रदत्त यह रंग खाने में हानिकारक भी नहीं होता। पूजा से लेकर भोजन अर्थात् धर्म, अर्थ, काम सभी कुछ पारिजात में निहित है। पारिजात ही एकमात्र ऐसा पुष्प है जो धरती से उठाने के बाद भी पूजा में प्रयुक्त होता है। प्राय: पूजा के फूल स्नान करने के बाद टहनी से तोड़कर पूजा में चढ़ाए जाते हैं, नीचे गिरने के बाद अपवित्र हो जाते हैं, जबकि पारिजात के फूल धरती से बीनकर पूजा में चढ़ाए जाते हैं। बंगाल में शरद पूर्णिमा पर लक्ष्मीपूजा में पारिजात के पुष्प चढ़ाए जाते हैं। हरसिंगार (समसिंहार) के पुष्प से अश्विन मास में दक्षिण शोणनद प्रदेश की स्त्रियाँ शिव की पूजा करती हैं। बर्मा देश में बौद्ध भिक्षु अपने चीवर हरसिंहार के फूलों से रंगते हैं, परंतु चूँकि यह रंग पक्का नहीं है इसलिए रंग के अनुरूप इसका प्रचलन अधिक सफल नहीं हो सका। वैद्यक में हरसिंगार के पत्तों के रस का उपयोग विभिन्न रोगों में किया जाता है। दवा के रूप में इसका काफी महत्त्व रहा है।

दीपावली पर उपलब्ध एकमात्र पुष्प पारिजात जब संध्या के समय खिलता है तब जलते दिये की गंध के साथ इसकी गंध मिलकर पूरे वातावरण को दिव्य बना देती है। तब सचमुच ही मन नंदन कानन में विचरण करने लगता है। इसी दृश्य को देखकर कविगुरु का हृदय गा उठा–

> ओ लो शेफाली
> शोबुज छायार प्रदोर्शे तुमि जालिरा दीपाली।

अर्थात् हे शेफाली, तुमने पुष्प बिखेरकर अपनी छाया के नीचे दीवाली सजा दी है।

बकुल

प्रदह्यमानौ चरणौ दृष्ट्वाऽसौ कुसुमायुधः ।
उत्ससर्ज धनुः श्रेष्ठं तज्जगामाथ पंचधा ।।
नाहस्थानं शुभाकारं यदासीद्वज्रभूषितम् ।
तज्जातं केसरारण्यं बकुलं नामतो मुने ।। —वामनपुराण

"कामदेव ने अपने चरणों को जलते देखकर श्रेष्ठ धनुष को फेंक दिया जिसके पाँच टुकड़े हो गए। हे मुने ! उस धनुष का वज्रभूषित सुंदर आकारवाला नाह-स्थान केसरारण्य बकुल नाम का (वृक्ष) बना।"

अपार सुगंधिवाले बकुल के प्रादुर्भाव की कथा **वामनपुराण** में आती है। शिव की तपस्या भंग करने के लिए कामदेव ने जब अपना तीर चलाया तो हृदय के आलोड़न से व्याकुल हो त्र्यंबक ने अपना तीसरा नेत्र खोल दिया। बेचारा कामदेव नेत्र की ज्वलंत ज्वाला से झुलसने लगा और घबराकर उसने अपना कुसुमायुध फेंक दिया, जिसके पाँच टुकड़े हो गए और उससे पाँच सुंदर सुगंधित फूलोंवाले पौधे पैदा हो गए—मल्लिका, जूही, पाटल, बकुल और चंपक। इस प्रकार कामदेव ने प्राणों का उत्सर्ग करते-करते भी धरती को सुगंध की अपार संपदा भेंट कर दी।

बकुल जिसे हिंदी में मौलश्री, मौलसिरी एवं मनसिरी भी कहते हैं, एक अत्यंत विचित्र परिवार का वृक्ष है, जिसकी केवल चार प्रजातियाँ ही भारत में उपलब्ध हैं, शेष दक्षिण-पूर्वी एशिया के देशों में होती हैं। ये चार किस्में हैं—चीकू, खीरनी, महुआ और बकुल। लैटिन भाषा में बकुल को 'माइमोसोप्स इलेन्गाई' कहते हैं। मलयालम भाषा में इसे इलेन्गाई कहते हैं। माइमोसोप्स का अर्थ है बंदर जैसे मुँहवाला, जो संभवतः इस पुष्प के उभरे केन्द्र भाग को देखकर रखा गया। अन्यथा इतने सुंदर कोमल पुष्प की समानता बंदर मुख से करके वैज्ञानिकों ने इसका उपहास किया है। वास्तव में इस पुष्प की आकृति तो कर्णफूल के समान है। नुकीली पतली पंखुड़ियाँ जो पुष्प के उभरे केंद्र भाग से जुड़ी होती हैं, पुष्प को एक विचित्र रूपाकृति प्रदान कर देती है। यह कुछ-कुछ बिना डंडी-मूठवाले खुले छाते के समान लगता है और उसी प्रकार ऊपर से झड़ता भी है। ये पुष्प एकदम श्वेत न होकर मटमैलापन लिए होते हैं। नन्ही-नन्ही हलकी भूरी सख्त कलियाँ पत्तियों व टहनी के बीच कुक्षि में एक या एक से अधिक संख्या में लटकती रहती हैं। ध्यानपूर्वक न देखें तो यह फूल स्पष्ट दिखाई नहीं देता, परंतु हाँ, आप इस फूल की

उपस्थिति को अनुभव कर सकते हैं, हवा में सूँघ सकते हैं। ये पुष्प दिन भर बड़े आराम से धीरे-धीरे झड़ते रहते हैं और पूरे वातावरण को सुगंधित बनाए रखते हैं। महादेवी वर्मा बकुल व शेफाली के खिलने में भी अंतर अनुभव करती हैं–

सकुच सलज खिलती शेफाली, अलस मौलश्री डाली डाली

निस्सन्देह बकुल की गंध में मादकता के साथ आलस्य भरा होता है, आलस्य तामस तत्त्व है और बकुल राजस प्रकृति का पुष्प है, जबकि शेफाली सात्विकता का प्रतीक है। आखिर नंदन कानन का पारिजात जो ठहरा ! बकुल का तो जन्म ही मन्मथ के धनुष से हुआ।

ग्रीष्म ऋतु में इसके पुष्प संध्या के बाद ही खिलना शुरू कर देते हैं और प्रातः होते ही धरती पर हलके श्वेत फूलों की अल्पना रचने लगते हैं। इसकी सुगंध हवा पर सवार होकर मंथर गति से चलने लगती है। धरती पर फैले बकुल पुष्प-दल को देखकर कवीन्द्र ठाकुर की नायिका अपने प्रेमी के लिए वृक्ष के नीचे फूलों का आसन बनाना चाहती है ताकि उसे धूल में न बैठना पड़े–

सखी से आसि धुलाय बोशे से तरुर तले
सेथा आसन बिछाए राखिस बकुलदले।

बकुल कवियों का प्रिय पुष्प रहा है। **महाभारत** में द्वैतवन व चैत्ररथवन के वर्णन में पुन्नाग, अशोक, धव, प्लक्ष आदि के साथ बकुल का भी वर्णन मिलता है। इसे 'केसर' नाम से भी संबोधित किया गया है। संभवतः दोनों की सुगंध में कुछ समानता अनुभव की गई होगी। वाल्मीकि **रामायण** में सीताहरण के बाद राम वन में वृक्षों को संबोधित करके अपनी प्रिया का पता पूछते हैं तो बकुल भी उनके दुख का साक्षी रहा। यह पुष्प अपनी मधु मादक गंध से सबके हृदय को आलोड़ित करता रहा है। कामदेव के धनु से उपजा बकुल पुष्प श्रृंगार एवं वासना का प्रतीक बन गया। कहते हैं कि सुंदरी युवती के मुख की माधवी के कुल्ले प्राप्त करने के बाद ही इसका पुष्प खिलता है। राजशेखर अपनी पुस्तक **काव्य मीमांसा** में चैत्रमास का वर्णन करते हुए स्पष्ट रूप से कहते हैं कि इस माह में तो बिना कुल्ले के भी यह वृक्ष खिलने लगता है–

नालिङ्गितः कुरबकस्तिलको न दृष्टो, नो ताडितश्च चरणैः सुदृशामशोकः।
सिक्तो न वक्त्रमधुना बकुलश्च चैत्रे, चित्रं तथापि भवति प्रसवावकीर्णः।।

आश्चर्य है कि चैत्र मास में कुरबक वृक्ष रमणी के आलिंगन के बिना, तिलक वृक्ष उसकी चितवन के बिना, अशोक वृक्ष उसके पादाघात के बिना और बकुल वृक्ष मद्यगंडूष के बिना ही पुष्प-प्रसव करने लगते हैं। बकुल वृक्ष बहुत ही धीरे-धीरे बढ़ता है और जब तक तीन मीटर ऊँचा नहीं हो जाता उसमें फूल नहीं आते। शायद यही कारण रहा हो कि रमणी के मुख की मदिरा के कुल्ले की कल्पना कर ली होगी।

बकुल प्राचीन भारत में श्रृंगार प्रसाधन के रूप में भी खूब चर्चित हुआ है। बकुल

पुष्प से वेणी, हार, मेखला, कर्णफूल आदि बनाकर धारण किए जाते रहे। ऋतुसंहार में कवि कालिदास वर्षा ऋतु में पुष्पित वृक्षों को देखकर कल्पना करने लगते हैं कि बादलों ने प्रियतमाओं के श्रृंगार हेतु ही यह सजाया है–

शिरसि बकुलमालां मालतीभिः समेतां
विकसितनवपुष्पैर्यूथिका कुड्मलैश्च
विकचनवकदम्बैः कर्णपूरं वधूनां
रचयति जलदौघः कान्तवत् काल एषः।।

सिर के लिए मालतीयुक्त बकुलमाला, खिली हुई नवपुष्पित जूही की कलियाँ, नवकदंब से वधुओं के कर्णफूल द्वारा बादल अपनी प्रेयसियों का श्रृंगार कर रहा है। शकुंतला जब कण्व के आश्रम से अपने पतिगृह के लिए प्रस्थान करती है, तब अनुसूया सुरक्षित रखी हुई एक सुगंधित बकुलमाला शकुंतला को देते हुए सौभाग्य का आशीर्वाद देती है। इसके विपरीत रघुवंश में इन्दुमती के देहांत पर दुःखी अज उपालंभ भरा विलाप करता है–

तव निःश्वसितानुकारिभिर्बकुलैरर्धचितां समं मया।
असमाप्य विलासमेखलां किमिदं किन्नरकण्ठि ! सुप्यते।।

अपनी साँस के समान सुगंधित बकुल के फूलों की जिस सुंदर करधनी को तुम मेरे साथ बैठी गूँथ रही थी उसे अधूरा गूँथ कर ही, हे किन्नरों जैसी मधुर कण्ठवाली ! तुम सदा के लिए क्यों सो गई हो ? वास्तव में ये अधूरे कार्य की चिंता और संगिनी का अधूरी राह में साथ छोड़ देना, अज की आकुलता को बढ़ा देता है। अज ने तो खेल-खेल में ही प्रिया के साथ करधनी गूँथी थी, परंतु महादेवी वर्मा की नायिका भी भौरों के गुंजार से भरे बकुल फूलों से करधनी को गूँथने की आशंसा निवेदित करती है–

गूँथ दे रशना में अलिगुंजन से पूरित बकुल फूल

कविगुरु की नायिका भी मिलन की बाँसुरी सुनते ही बकुल की कलियाँ गूँथने में तत्पर हो जाती है–

बकुल मुकुल रेखे छे गांथियाँ
बाजिछे अंगने मिलन बांशरि।

श्रृंगार के संयोग और वियोग दोनों भावों में बकुल का पर्याप्त योगदान रहा है। वाल्मीकि के राम सीता की खोज करते समय वन के अन्य वृक्षों के साथ-साथ बकुल से भी उसका पता पूछते हैं। विद्यापति के यहाँ तो बकुल नंदकुमार के विरह में व्याकुल होकर आँसू के समान पुष्प बहा रहा है–

विरह व्याकुल बकुल तरुवर पेखल नंद कुमार रे।

बकुल एक सदा बहार घना वृक्ष है। धरती से लगभग तीन मीटर ऊपर जाने के बाद ही इसमें शाखाएँ-प्रशाखाएँ निकलती हैं और इसका गुंबदाकार छत्र बनना शुरू होता है। चिकने लंबे पत्तों का अग्रभाग नुकीला व लहरदार होता है। पत्ते तोड़ने पर उसमें श्वेत दूध जैसा तरल पदार्थ निकलता है। ये पत्ते गहरे हरे रंग के व थोड़े सख्त होते हैं। निचली सतह हलके सलेटी हरे रंग की होती है। नई कोंपल रोएँदार व एकदम नन्ही कोमल होती है। पुष्प टहनियों के नए अग्रभाग में लगते हैं। वृक्ष की टहनियों के पुराने भाग में बादाम की आकृति के लाल नारंगी फल व अगले भाग में फूल प्राय: साथ-साथ ही खिलते हैं। इसकी टहनियाँ खूब गहरी गुँथी हुई होती हैं, इसलिए इसमें पक्षियों व गिलहरियों के लिए सुरक्षित आवास की सुविधा खूब रहती है। यही कारण है कि असंख्य पक्षी इस पर हर समय डेरा डाले रहते हैं और वृक्ष भौरों के साथ-साथ पक्षियों की चहचहाट व गिलहरी की कुट-कुट से गुंजायमान रहता है। वास्तव में इसे तो 'चहचहानेवाला वृक्ष' कहें तो अतिशयोक्ति न होगी।

बकुल के फल देखने में अत्यंत सुंदर व खाने में मीठे होते हैं। पक्षी व गिलहरी के अलावा बच्चे भी इसे खूब शौक से खाते हैं। हाँ अधिक खाने से मुँह का स्वाद सूखा तिक्त हो जाता है। फल का बीज भूरा व एकदम चिकना होता है। इसका तेल निकालकर प्रयोग में लाया जाता है।

बकुल की छाल, पत्तियाँ, फल आदि का प्रयोग वैद्य लोग दवा के रूप में करते हैं। इसकी दातौन दाँतों के लिए लाभकारी होती हैं। पेट के रोगों के लिए भी बकुल का प्रयोग किया जाता है। सुगंधित पुष्प, पक्षियों के लिए आवास व भोजन एवं औषध के अतिरिक्त घनी ठंडी छाया और मजबूत वृक्ष के रूप में बकुल एक अत्यंत सुंदर वृक्ष है। राष्ट्रपति भवन व इंडियागेट के घास के लॉन में इसके अत्यंत पुराने विशाल वृक्ष देखे जा सकते हैं। अंग्रेजों ने भारतीय जलवायु व धरती को देखते हुए इस वृक्ष के महत्त्व को पहचाना था और इसे जगह-जगह लगाया था। आज बेचारा बकुल गुलमोहर, अमलतास जैसे वृक्षों के सामने पिछड़ गया है, परंतु इससे क्या इसका महत्त्व घट जाता है ? सड़क के किनारे लगा हुआ बकुल का एकमात्र वृक्ष अपने अस्तित्व की पहचान बनाने में समर्थ है... कविगुरु के शब्दों में–

> "फिर भी मन में संतोष है कि आज बकुल वृक्ष को नारीमुख की मदिरा के छींटे नहीं मिलते, तो भी उसके फूल तो खिलते ही हैं।"

बाँस

स कीचकैर्मारुतपूर्णरन्ध्रैः कूजद्भिरापादितवंशकृत्यम्।
सुश्राव कुंजेषु यशः स्वमुच्चैरुद्गीयमानं वनदेवताभिः।। –रघुवंशम्

वनदेवताओं द्वारा वायु से परिपूर्ण बाँस के रंध्रों के गुंजायमान को राजा दिलीप ने सुना, तो ऐसा प्रतीत हुआ मानो बाँस अपनी वंश परंपरा का यशगान उच्च स्वर में कर रहे हों। बाँस की वंश परंपरा–प्रकृति के आदिकाल से चले आ रहे बाँसों की वंश परंपरा, कृष्ण के होंठों पर बैठ दिव्य माधुर्य की सृष्टि करती बंसी-बाँसुरी की वंश परंपरा, जिसने विश्व को शाश्वत अनिर्वचनीय आनंद में प्रेम और योग दोनों का ही अद्‌भुत संदेश दिया–मानव की नित्यप्रति दिनचर्या का अभिन्न अंग बाँस की वंश परंपरा–इतने मामूली सीधे-सादे से दिखनेवाले बाँस की वंश परंपरा भला क्या हो सकती है ? यही न कि अंदर से खोखला होते हुए भी, ऊँचाइयों का मुकाबला करती, सुदृढ़ता की प्रतीक, तने रहित होकर भी अपने नवअंकुरित कांडों द्वारा भूमि को दूर-दूर तक जकड़े रखने की क्षमता की परंपरा।

क्या आप कल्पना कर सकते हैं कि तीस मीटर से भी ऊँचे होकर आकाश को छू लेने के लिए तत्पर यह बाँस घास परिवार का सदस्य है ? हमारे भोजन का मुख्य आधार, गेहूँ, चावल व गन्ना का भाई-बंधु हैं ? जी हाँ ये सब एक ही–ग्रैमिनाई परिवार–के पौधे हैं। बाँस भी एक तने रहित, जड़ के पास से अंकुरित होनेवाला, अनेक कांडों द्वारा विस्तृत होनेवाला पौधा है जो कि वृक्ष तो नहीं कहा जाता परंतु ऊँचाई व विस्तार को देखते हुए वृक्ष से कम नहीं... जिसे संस्कृत में वेणु, वंश सुषिर, तेजन, त्वक्सार, तृणध्वज और मस्कर आदि अनेक नामों से पुकारा गया है। इसका वैज्ञानिक नाम 'बैम्बूसा अरण्डीनासिसिया' है। इस परिवार के पौधे अत्यंत महत्त्वपूर्ण व उपयोगी रहे हैं। मानव जीवन की प्रगति में इनका उल्लेखनीय योगदान रहा है। हमारे जीवन में पोषण देनेवाले गेहूँ, चावल व मधुरता का स्वाद चखानेवाला गन्ना घास-वर्गीय पौधे ही तो हैं। वनस्पति जगत की विविधताओं का दृष्टांत यह घास-समुदाय है।

बाँस की विशेषता उसका तनारहित पोरोंवाला रूप है। जड़ के पास से नए कांड निकलकर ही बड़े होते जाते हैं और इनकी पोरों की गाँठ के पास से नए पत्ते निकलते जाते हैं। पोर बीच में खोखली होती हैं परंतु गाँठों पर अंदर से बंद होती हैं। आयु के साथ-साथ यही कांड मोटे व सुदृढ़ होते जाते हैं। अन्य वृक्षों की भाँति इनमें तना नहीं

होता और ना ही ऊपर छत्र बनता है। जड़ों से निकलनेवाले बाँसों का घना झुरमुट-सा बन जाता है। बाँस के इन झुरमुटों का समूह ही वेणुवन व बंसवारी नाम से लोकप्रसिद्ध है। ये झुरमुट अत्यंत सघन होते हैं। बड़े वृक्षों को काटना सरल होता है, परंतु बाँसों के इन झुरमुटों को काटना अत्यंत श्रमसाध्य व दुष्कर होता है।

अथर्ववेद में बाँसों का वर्णन गृहनिर्माण प्रकरण में मिलता है–

ऋतेन स्थूणामधि रोह वंशोग्रो विराजन्नप वृङ्क्ष्व शत्रून्।
मा ते रिषन्नुषसत्तारो गृहाणां शाले शतं जीवेम शरदः सर्ववीराः।।

–**अथर्ववेद** 3.12.6

हे बाँस ! तू अपने सीधेपन से अपने आधार पर चढ़ और उग्र बनकर प्रकाशता हुआ शत्रुओं को हटा दे। तेरे घरों के आश्रय में रहनेवाले हिंसित न होवें। हे शाले ! हम सब, वीरों से युक्त होकर, सौ शरद तक जीते रहेंगे। वैदिककालीन मानव का सबसे बड़ा शत्रु तो असह्य सरदी, गर्मी या वर्षा थी और इन सबसे बचने के लिए मजबूत घर था जो कि बाँसों पर स्थिर था। उस युग में पक्के मिट्टी के मकान बनाने की प्रथा अभी शुरू नहीं हुई थी। सभी लोग कुटियों में रहा करते थे। एक अन्य स्थान पर भी गृहनिर्माण में घास व बाँस के प्रयोग का उल्लेख मिलता है। बाँस द्वारा घर बनाने की यह पद्धति भारत के उत्तर-पूर्वी क्षेत्र, दक्षिण में केरल और पूर्वी एशिया के चीन, जापान, बर्मा, थाईलैंड आदि सभी देशों में आज भी विद्यमान है। घनघोर वर्षा में भीगने पर भी न गलने की इसमें अद्‍भुत क्षमता होती है। कवि वाल्मीकि ने भी पंचवटी में राम की कुटिया में बाँस के प्रयोग का उल्लेख किया है–

पर्णशालां सुविपुलां तत्र संघातमृत्तिकाम्।
सुस्तंभां मस्करैर्दीर्घैः कृतवंशा सुशोभनाम्।।

'मिट्टी की दीवार एवं खंभों पर बड़े-बड़े बाँस रखे गए जिन पर पत्ते रखकर पर्णशाला का निर्माण हुआ।'

बाँसों की सबसे बड़ी विशेषता उसकी तेजी से बढ़ती लंबाई है। अक्सर यह एक दिन में 8 सेंटीमीटर तक बढ़ जाता है। जायंट बैंबू–डेन्डोक्लायस जायजेन्ट्स–तो एक दिन में पैंतीस से चालीस सेंटीमीटर तक बढ़ जाता है। कहते हैं प्राचीन काल में चीन में अपराधियों को नंगे बदन इन बाँसों के ऊपर बाँध दिया जाता था, बढ़ते बाँस के तीखे अंकुरों से बिंधने पर तड़प-तड़पकर बंदी प्राण दे दिया करते थे। गाँव में तो आज भी बालकों को बाँस की तरह बढ़ने का आशीर्वाद दिया जाता है और दूसरी ओर तेजी से लंबी होती लड़की को देखकर अक्सर टोकते–"छोरी ! क्यों बाँस की तरह बढ़ती जावे ?" अब भला इसमें लड़की का क्या दोष ? पोरों में विभाजित बाँस में इन्हीं पोरों की गाँठों पर टहनियाँ व पत्तियाँ निकल आती हैं। इन पोरों को संस्कृत में पर्व कहते हैं जिससे बाँस का एक नाम 'शतपर्वा' भी पड़ा। **रघुवंशम्** में कालिदास ने शूर्पणखा की अंगुलियों

की तुलना बाँस के सख्त पोरों से की–सा **वक्रनखधारिण्या वेणुकर्कशपर्वया।**

बाँस के सख्त कांड की अपेक्षा गाँठ से निकलनेवाली टहनियाँ अत्यंत मृदुल, नाजुक व लचीली होती हैं। इन पर लंबे-लंबे पत्ते होते हैं जो कि समय के साथ-साथ अत्यंत सख्त हो जाते हैं। बाँस की यह पोर ही उसकी विशेषता होती है। बाँस की एक किस्म 'पिंचर बैंबू' कहलाती है जिसकी पोर लोटे के समान गोलाकार होती है। पूरा बाँस ऐसा प्रतीत होता है मानो एक पर एक कई लोटे रख दिए गए हों। इस बाँस को गाँठों पर से काटकर मग, कप, गिलास, फूलदान आदि अनेक कलात्मक उपयोगी पात्र बनाए जाते हैं। नीचे से निकलनेवाले नरम कांड व नरम टहनियों का प्रयोग भोज्य पदार्थ के रूप में होता है। हाथी आदि कई पशु इसकी नरम टहनियों व अंकुरों को बहुत शौक से खाते हैं। बाँस एक ओर तो खूब सुदृढ़ व मजबूत होता है, साथ ही दूसरी ओर नरम व लचीला भी। आँधी के बड़े से बड़े थपेड़ों का मुकाबला करता है। आँधी-तूफान में जबकि बड़े से बड़े वृक्ष धराशायी हो जाते हैं, बाँस की नाजुक टहनियाँ हवा के थपेड़ों के साथ बड़ी नजाकत व बेचैनी से इधर-उधर डोलती व थरथराती रहती हैं परंतु बाँस न तो टूटता है, ना ही उखड़ता है। सत्य तो यह है कि बाँस की दूर-दूर तक फैली जड़ें मिट्टी को खूब मजबूती से जकड़ लेती हैं और इस प्रकार मिट्टी के कटाव को भी रोकती हैं।

बाँस की उपयोगिता की बात करते-करते हम उस बाँसुरी को तो भूल ही चले थे जिसके कारण शृंगार रस के न जाने कितने महाकाव्य भारतीय साहित्य में रचे गए। ब्रजवासी कान्हा ने इसी बाँस की मामूली सी बाँसुरी के मधुर स्वर से ब्रज के गौओं को ही नहीं गोपिकाओं को भी वशीभूत कर लिया था–"बाँस...वंस...बस... सबै जगत स्वामी/जाके बस सुर-नर-मुनि ब्रह्मादिक गुनगुनि/बासर निसि कथत निगम, नेति नेति बानी"–सूरदास।

राधा को तो इसी बाँसुरी के सौभाग्य पर ईर्ष्या हो गई थी... क्योंकि ये वंशी कृष्ण के अधर रूपी सिंहासन पर विराजमान हो सबको नाच नचा रही थी, इसी गर्व से वह फूली न समाती थी... कैसा अखंड सुख भोग रही थी ! संभवतः इसीलिए किसी ने सोचा होगा कि ब्रज के वेणुवन ही कटवा दिए जाएँ तो न रहेगा बाँस न बजेगी बाँसुरी। इस बाँसुरी के लिए लंबे पर्व-पोरोंवाले बाँस का प्रयोग किया जाता है। इन खोखले पोरों में रंध्रों द्वारा जो वायु घुसती है वही मधुर स्वर लहरी की सृष्टि करती है। बाँसुरी के साथ-साथ बाँस के छोटे-छोटे टुकड़ों का प्रयोग रास में किया जाता है–सौराष्ट्र व ब्रज का सुप्रसिद्ध डांडिया रास...। बाँस भी खोखले व पोले दोनों प्रकार के होते हैं। इनमें भी काला बाँस, सुनहरा बाँस, कँटीला बाँस, तुल्दा बाँस, कीचक बाँस आदि अनेक किस्में होती हैं। इसी बाँस के भीतर से निकलता हैं बंशलोचन, आयुर्वैदिक औषधियों में एक अत्यंत महत्त्वपूर्ण औषध जिसे यूनानी पद्धति में 'तवाशीर' कहते हैं। ऐसी लोकमान्यता है कि स्वाति नक्षत्र में वर्षा की जो बूँद सीपी में गिरती है वह तो मोती बन जाती है परंतु जो बाँस में गिरती है वही बंशलोचन बन जाती है। इसका प्रयोग हकीमी व बैद्यक दोनों पद्धतियों में होता है। बाँस के पत्तों और जड़ों को भी दवा में प्रयोग करते हैं।

बाँस जहाँ एक ओर अपने औषधीय गुणों व मधुर स्वर के लिए प्रसिद्ध है, वहीं दूसरी ओर यही बाँस मिर्जापुरी, भोजपुरी दरवानों व लठैतों के हाथ का शृंगार है जिनके एक वार से ही कद्दू के समान सिर के दो टुकड़े पलभर में हो जाते हैं। मिर्जापुर के जंगलों में एक विशेष किस्म का अंदर से ठोस बाँस पाया जाता है, जिसको बाहर से रगड़ व घिसकर चिकना बनाकर, तेल में खूब भिगोते हैं, जिसे तेल पिलाना कहते हैं। तैयार होने पर हैसियत के मुताबिक उसकी मूठ पीतल अथवा चाँदी से जड़ देते हैं। इन लाठियों का रौब दुनाली बंदूक से कम नहीं होता। बड़े-बड़े जमींदारों व सेठों-साहूकारों के यहाँ ऐसे लठैतों की सेना रखने की परंपरा आज के युग में भी आत्मरक्षा की सूचक है।

असम, बिहार, बंगाल, उड़ीसा, पूर्वोत्तर प्रदेश, हिमालय की तराई व दक्षिण भारत में केरल आदि प्रदेशों में बाँस बहुतायत से पाया जाता है। बिहार में पत्तों सहित हरे बाँस की टहनी विवाह मंडप में लगाना शुभ माना जाता है। राजा जनक ने हरे बाँस की टहनी न लगाकर हरि मणियों से बाँस की अनुकृति बनाकर राम-सीता का विवाह मंडप सजाया था। हरे मणियों के पत्ते से बने बाँस की पोरें भी असली बाँस को मात दे रही थीं–

बेनु हरित मनिमय सब कीन्हें, सरल सपरब परिह नहिं चीन्हें। –तुलसीदास

राजकीय वैभव का प्रदर्शन तो फिर युगों से ऐसे ही चला आ रहा है। नहीं तो साधारण युवती के मन की इच्छा तो यही है कि–

हरिअर बँसवा कटायब मारब छायब रे
आजु मोरे लाल के जनेऊआ केहि केहि नेवतब हे

यज्ञोपवीत संस्कार पर छाए मंडप भी हरे बाँस से बनाए जाते हैं। जीवन भी कितने विरोधाभासों से पूर्ण होता है। श्मशान की अंतिम यात्रा में इसी बाँस का उपयोग अर्थी के रूप में होता है। राजा हो या भिखारी, अर्थी बाँस की ही होती है। किस्सा यहीं समाप्त नहीं होता, शवदाह के समय प्रियजनों की कपालक्रिया जैसा निष्ठुर कार्य भी इसी बाँस को करना पड़ता है। होंठों के साम्राज्य से स्वर्गारोहण तक, तेरे भी क्या-क्या रूप हैं!

बाँस केवल सामाजिक ही नहीं हमारे आर्थिक जीवन का भी महत्त्वपूर्ण अंग है। सुबह के समाचारपत्र के कागज से लेकर खाट, कुर्सी मेज, चटाई, छाते, टोपी, प्याले चप्पल, पर्स, घर, नाव–क्या कुछ बाँस से नहीं बनाया जाता ? बाँस के रेशे में रसायनों का मिश्रण करके रेयॉन बनाया जाता है। फूलदानों में बाँस की पत्तियों की सजावट चीन व जापान की कलात्मक शैली है। फूलरहित बाँस भी कम सुंदर नहीं लगता। फूल की बात से याद आया कि बाँस में भी फूल व फल आते हैं। फूल में से जई के समान दाने निकलते हैं, जिसे खाने के लिए प्रयोग में लाते हैं। वैसे तो जब फूल आता है तो वह स्वयं मर जाता है। वाल्मीकि **रामायण** में रामसीता के वनवास पर दुखी दशरथ कैकेयी को कहते हैं :

अजीवनार्हेण मया नृशंसा कृता प्रतिज्ञा नियमेन तावत्।
त्वया हि बाल्यात् प्रतिपन्नमेतत् तन्मां दहेद् वेणुमिवात्मपुष्पम्।।

अर्थात् मैं जीवित रहने योग्य नहीं हूँ। मैंने तेरे वचनों में बँधकर एक तो यूँ ही नियमपूर्वक बड़ी क्रूर प्रतिज्ञा कर डाली है। दूसरे, तूने अपनी नादानी के कारण सीता को इस प्रकार चीर पहनाना प्रारंभ कर दिया। जिस प्रकार बाँस का फूल उसी को सुखा डालता है उसी प्रकार मेरी की हुई प्रतिज्ञा मुझे ही भस्म किए डाल रही है। वैसे भी बाँस में फूल जल्दी नहीं आता। एक लोकमान्यता है, बाँस फूले आदमी भूखा मरे अर्थात् अकाल की संभावना होती है। सत्य तो यह है कि जब बाँस में फूलने के बाद अनाज आता है और उसके दाने बिखरने लगते हैं तब उसके लालच में जंगल के चूहे खेतों में खड़ी फसल को भी नष्ट कर देते हैं। इसी से अकाल का भय हो जाता है।

विश्व में उपलब्ध किस्मों को खोजकर लगभग दो सौ प्रकार के बाँसों का पता तो लगाया जा चुका है। आज की सबसे बड़ी विडंबना तो यह है कि बाँस पर अवलंबित कागज व रेयॉन के उद्योग के कारण बाँस अंधाधुंध कटते जा रहे हैं और उनके पुनर्रोपण व संवर्धन का किसी किस्म का उपाय व प्रयास नहीं किया जा रहा है। क्या यह दुख की बात नहीं है कि सबकी रक्षा करनेवाला बाँस आज अपनी सुरक्षा न कर पाने में असहाय है ? बेचारा बाँस जो कि अंतिम यात्रा तक सेवा करता है, बुढ़ापे की लाठी है, आज अपनी जीवनरक्षा की गुहार लगा रहा है। हमारे जीवन में सुदृढ़ता व कलात्मकता प्रदान करनेवाला, मधुर संगीत का सर्जक, मानव के लोभ के सम्मुख समाप्त होता जा रहा है। हमें इस दिशा में सोचना होगा। भूमि के कटाव को रोकने में सर्वाधिक सक्षम वेणुवनों की स्थापना करनी होगी... बँसवारियाँ बनानी होंगी।

बिल्व

स्कंदस्य बन्धुजीवस्तु रवेरश्त्थ एव च
कात्यायन्या: शमी जाता बिल्वो लक्ष्म्या: करेऽभवत्। —वामनुपराण

'स्कंद से बंधुजीव (गुलदुपहरिया), सूर्य से अश्वत्थ (पीपल), कात्यायनी से शमी और लक्ष्मी के हाथ से बिल्व उत्पन्न हुआ।' लक्ष्मी के हाथ से उत्पन्न होने के कारण ही बेल को कदाचित् 'श्रीफल' नाम मिला। संस्कृत का 'बिल्व' साधारण भाषा में बेल, बिलु के नाम से लोकप्रसिद्ध हुआ। बेल फल को श्रीफल भी कहा गया तो बेलपत्र 'श्रीपत्र' और वृक्ष 'श्रीवृक्ष' होना अवश्यंभावी थ:। लिंगपुराण में बिल्वपत्र में लक्ष्मी का वास होने का संदर्भ भी संभवत: इसीलिए कहा गया—

बिल्वपत्रे स्थिता लक्ष्मीर्देवी लक्षणसंयुता।

हिन्दू धर्म के पवित्र माने जानेवाले वृक्षों में बिल्व एक अत्यंत महत्त्वपूर्ण वृक्ष है। यह उसी 'रुटिसियाई' परिवार का वृक्ष है जिसमें संतरा-नींबू जैसे रसीले फल और मधुकामनी (मोरख्या) जैसे सुगंधित पुष्प खिलते हैं। वनस्पतिशास्त्र में इसे 'एगले मैरमिलोस' कहा गया है। भारत के समुद्रतटीय और हिमालय के एकदम ठंडे बर्फीले अधिक वर्षावाले प्रदेशों को छोड़कर भारत के सभी गर्म, सूखे प्रदेशों में यह जंगली वृक्ष के रूप में उगता है। यह एक मध्यम आकार का पर्णपाती, तीखे लंबे काँटेवाला वृक्ष है। छायादार वृक्षों में भले ही इसकी गणना न हो परंतु बिल्वपत्र के बिना देवताओं के देव महादेव की पूजा नहीं हो सकती। घरों, खेतों, मंदिरों में इसे लगाया जाता रहा, स्वत: उग आने पर इसे शुभ माना गया है।

इसके पत्ते हलके हरे रंग के नरम व तीन पत्तों के दल के रूप में एक डंडी में लगते हैं और यही तीन पत्तोंवाला दल ही त्रिनेत्रधारी त्र्यम्बक की पूजा में प्रयुक्त होता है। तीखे काँटों के बीच रहनेवाले पत्ते विषपायी शिव के सिवा भला और किसे प्रिय हो सकते हैं।

आषाढ़े स्नानमुदितं श्रीफलैरर्चनं तथा
धत्तूरकुसुमै: शुक्लैर्धूपयेत् सिंल्हकं तथा

वामनपुराण में कहा गया है कि आषाढ़ मास में श्रीफलयुक्त जल से स्नान करें तथा धतूरे के श्वेत पुष्पों से अर्चन करें। तदनंतर सिंल्हक का धूप देकर अर्चन करें। यहीं

पर आगे लिखा है कि श्रावण में फलयुक्त बिल्व पत्रों से महादेव की पूजा करें और अगरू का धूप दें।

श्रीफलपत्रैः सफलैर्धूपं दद्यात् तथाऽगुरुम्

वैदिक आर्य इस वृक्ष के औषधीय गुणों को जान गए थे। जिस प्रकार गूलर परिवार के वृक्ष अश्वत्थ, न्यग्रोध, प्लाक्ष, उदुंबर आदि का वर्णन हमें जगह-जगह पर बड़ा ही सम्मानपूर्ण मिलता है, उसी प्रकार बिल्व भी उनकी दृष्टि के भीतर रहा– **"महान्वै भद्रो बिल्वो महान् भद्र उदुम्बरः"** अथर्ववेद। महान् पुरुष बेल के समान उपकारी है, गूलर के समान महान् उपकारी है। बिल्व को महान् व भद्र–अर्थात् सज्जन, दूसरों की सहायता करनेवाला, किसी के प्रति दुर्भावना न रखनेवाला कहा गया है। क्यों न हो ? कम पानीवाले क्षेत्रों में बिना किसी संरक्षण और परिश्रम के स्वतः उग आनेवाला यह वृक्ष बड़ा क्यों नहीं होता ? मनुष्य व पशु दोनों को भी भोजन प्रदान करता है। भोजन भी कैसा जो कि मधुर है, कल्याणकारी है, औषधीय गुणों से परिपूर्ण है। वैदिक आर्य ऐसे वृक्ष की स्तुति में जो भी लिखे कम है। वेदों में यूँ भी ऐसे वृक्षों का वर्णन ही अधिक मिलता है जो कम वर्षावाले शुष्क प्रदेशों में खूब सुगमतापूर्वक उग आते थे। पलाश, वरुण, न्यग्रोध, प्लक्ष, बिल्व, शाल्मली, अश्वत्थ, उदुम्बर, शमी ऐसे वृक्ष थे। कदाचित् जहाँ वेद लिखे जा रहे थे वहाँ पानी की कमीवाला अपेक्षाकृत सूखा प्रदेश रहा होगा, वे अभी गंगा-यमुना की शस्य-श्यामला भूमि तक नहीं पहुँचे होंगे। इसीलिए तो सरस्वती के बाद शुद्ध स्वस्थ जल से भरपूर गंगा नदी जब उन्हें दिखाई दी तो वह अमृत समान लगने लगी और प्रशंसा में वे नत होते चले गए।

एक और जो विचित्र बात देखने में आती है वह है बिल्व की व्युत्पत्ति का श्रीलक्ष्मी से संबंधित होना और शिव की पूजा में अर्पित होना। शिव के प्रति लक्ष्मी द्वारा प्रस्तुत यह श्रद्धा संभवतः शिव और विष्णु के समन्वयात्मक दर्शन की ओर संकेत करती है। वैदिक युगीन जो वृक्ष अपने औषधीय गुणों के कारण तत्कालीन आर्यों के लिए पवित्र बन गया, वही पुराण युग में आकर 'श्रीपत्र' कहलाकर शिव की पूजा में अर्पित होने लगा। बिल्व फल अपनी कल्याणकारी क्षमता के कारण कल्याणकारी देव-शिव को इसीलिए अर्पित किया गया। स्वास्थ्य एवं जीवन की संपदा का यह फल आगार था। इसीलिए 'लक्ष्मी' स्वास्थ्य की संपदा... द्वारा व्युत्पत्ति मान ली गई। बंगाल में तो लक्ष्मी-पूजन में भी बिल्व पत्र चढ़ाए जाते हैं... परंतु मूल रूप से तो यह महादेव का ही वृक्ष माना गया है।

सर्वाभावे बिल्वपत्रमर्पणीयं शिवाय च।
बिल्वपत्रार्पणेनैव सर्वपूजा प्रसिध्यति।।–शिवपुराण

पूजा में अन्य सामग्री न मिलने पर बिल्वपत्र शिव के लिए अर्पित करने चाहिए। इससे ही संपूर्ण पूजा सिद्ध हो जाती है।

इस वृक्ष का फल गोल कंदुक के समान होता है जिसकी बाहरी त्वचा लकड़ी की

भाँति सख्त होती है। दिसंबर-जनवरी में पत्ते झड़ जाने के बाद फरवरी में नए पत्तों के साथ-साथ नन्हे श्वेत पुष्प भी खिलते हैं। ये ही फूल छोटे-छोटे सख्त हरे गोल फलों में बदल जाते हैं। मई में फल पकना शुरू होते हैं और कई महीनों तक पकते रहते हैं। लोग पके फलों को तोड़ने जाते हैं, शेष फल वृक्ष पर गोल कंदुक के समान लटके रहते हैं। कई बार एक फल तीन पाव से एक-दो किलो वजन तक का होता है। वृक्ष की पतली टहनियों से ये फल खूब दृढ़तापूर्वक लटके रहते हैं। कच्चा फल अपने आप नहीं गिरता। यदि दुर्भाग्यवश गिर ही पड़े तो डॉक्टर के पास जाकर सिर की पट्टी कराए बिना गुजारा नहीं हैं। लकड़ी की इसी सख्त मंजूषा के भीतर सुनहरा पीला सुगंधित गूदा सुरक्षित होता है। बीच में गोल मटर के दाने के समान बीज भी होते हैं जो शहद के रंग के एक तरल चिपचिपे पदार्थ से घिरे होते हैं। यह पदार्थ गोंद जैसा होता है। लकड़ी की त्वचा से लगा रेशों का जाल बिछा होता है। यह भी प्रकृति का विधान है कि यदि बेल फल की त्वचा इतनी सख्त न होती तो इस सुगंधित मीठे गूदे की रक्षा कैसे होती? पके फल की सुगंध सख्त त्वचा को भेदकर हवा में फैल जाती है। पके बेल की सुगंध की तुलना संस्कृत में चंदन से की गई है। गूदा खाने में स्वादिष्ट होता है, परंतु इस चिपचिपी गोंद के कारण कुछ लोग इसे पसंद नहीं करते। चीनी अथवा गुड़ मिलाकर इस गूदे का शर्बत बनाकर लोग पीते हैं जो सुनहरे रंगवाला अत्यंत सुगंधित व स्वादिष्ट होता है। पेट व गुर्दे की व्याधियों या फिर लू लग जाना आदि अनेक रोगों के लिए इसके गूदे का प्रयोग किया जाता है। आयुर्वेद में बिल्व एक अत्यंत महत्त्वपूर्ण औषध के रूप में वर्णित किया गया है। **चरक संहिता** एवं **सुश्रुत संहिता** में इसके अनेक उपयोग विभिन्न बीमारियों में बताए गए हैं। यही नहीं, इसकी लकड़ी को भी अत्यंत उपयोगी बताया गया :

बैल्वानां काष्ठानां तैंदुकैर्गुदकानां भल्लातकानां
वारुणानां खदिरणां वा—चरक संहिता

सूतिकागृह बनाने के लिए उपयोग में आनेवाली लकड़ियों में बिल्व की लकड़ी उत्तम मानी गई हैं वाल्मीकि **रामायण** में दशरथ द्वारा पुत्रेष्टि यज्ञ में स्थापित यूपों में बिल्व के भी यूप थे।

प्राप्ते यूपोच्छ्रये तस्मिन् षड् बैल्वाः खदिरास्तथा।
तावन्तो बिल्वसहिताः पर्णिनश्च तथा परे।।

यही नहीं, इसके फल को मकान एवं कुएँ की चिनाई के मसाले में कूट लेने का भी विधान है। इसकी गोंद के कारण चिनाई मजबूत हो जाती है और रगड़ने पर चमकने लगती है। गाँवों में कच्चे मकान की बाहरी लिपाई में गूदे को घोल लेने की भी प्रथा है। इससे लिपाई में चिकनापन व मजबूती दोनों ही आ जाते हैं। ऊँट इस फल को अत्यंत प्रेम से खाता है। छोटे-छोटे फलों को वह बहुत सुगमतापूर्वक अपने जबड़े से तोड़ डालता है। इसके फल को तोड़कर कई दिनों तक रखा जा सकता है... आखिर वह इतनी मज़बूत

मंजूषा में सुरक्षित जो है।

इन्हीं औषधीय गुणों के कारण इसके फल व पत्ते पवित्र मान लिए गए और 'श्रीफल' कहकर श्री की अधिष्ठात्री देवी लक्ष्मी से जोड़ दिया गया। भला स्वस्थ नीरोग शरीर से बढ़कर और भला क्या संपदा हो सकती है ! यह दुर्भाग्य की बात है कि आजकल बिल्व केवल 'पूजा' की वस्तु रह गया है। बड़े शहरों में रहनेवाले असंख्य लोगों से खाना तो दूर इस फल को देखा भी नहीं होगा। बड़े-बड़े बागों में जहाँ आम, लीची; आड़ू जैसे फलों के वृक्ष शोभा पाते हैं बेचारे बेल को कोई नहीं लगाता, आखिर यह भी शिव जैसा ही तो है। शिव को भी तो अपने घर में—दक्ष प्रजापति द्वारा सम्मान नहीं मिला था। फिर यह शिव जैसा ही मस्तमौला फकीरी स्वभाववाला वृक्ष है। आजकल का युग नखरे बर्दाश्त करनेवालों के चरण चूमता है, जिसने जहाँ बिल्व जैसी भद्रता दिखाई वह वहीं उपेक्षा का पात्र हो जाता है। परंतु यदि हमें बिल्व का कल्याणकारी रूप देखना है—श्री की प्राप्ति करनी है तो बिल्व को लगाना घाटे का सौदा नहीं है। ग्रीष्म ऋतु में शरीर-रूपी शिव की अर्चना बिल्व फल से करें—श्री आप पर अनुग्रह करेगी :

त्रिदलं त्रिगुणाकारं त्रिनेत्रं च त्रिधायुधम्।
त्रिजन्यपापसंहारं बिल्वपत्रं शिवार्पणम्।।

वट

यक्षाणामधिपस्यापि मणिभद्रस्य नारद।
वटवृक्षः समभवत् तस्मिंस्तस्य रतिः सदा।।

वामनपुराण में वनस्पतियों की व्युत्पत्ति को लेकर एक कथा आती है। आश्विन मास में विष्णु की नाभि से जब कमल प्रकट हुआ तब अन्य देवों से भी विभिन्न वृक्ष उत्पन्न हुए। उसी समय यक्षों के राजा मणिभद्र से वट वृक्ष उत्पन्न हुआ। यक्ष से इस संबंध के कारण इसे यक्षवास, यक्षतरु, यक्षवारुक आदि अनेक नामों से पुकारा गया। हमारे पुराणों में ऐसी अनेक प्रतीकात्मक कथाएँ, प्रकृति, वनस्पति व देवताओं को लेकर मिलती हैं। वृक्षों का संबंध देवताओं से स्थापित करके उन्हें दिव्यता का बाना पहिना दिया गया और वे पूजा के अधिकारी भी हो गए। वैदिक युग में प्रकृति व उसकी विभिन्न शक्तियों–सूर्य, चंद्रमा, वायु आदि–की पूजा की जाती थी। वृक्ष-पूजा उसी भाँति बहुत महत्त्वपूर्ण रही। यही पूजा पुराणकाल तक आते-आते अनेक दिव्य शक्तियों व मिथकों का केंद्र बन गई। वट वृक्ष ऐसे ही कुछ वृक्षों में से एक है जिनके संबंध में वेदों से ही लिखा जा रहा है। इसके विशाल आकार ने जिसकी छाया में अनेक परिवार समा जाएँ, ऋषियों के मन व बुद्धि को सम्मोहित-सा कर दिया। संभवतः यही कारण है कि पीपल और वट दोनों ही भारतीय धर्म व आस्था का केंद्र बन गए। इनकी आयु, आकार, कठिन परिस्थितियों में भी उग आने की प्रवृत्ति और क्षमता आदि गुणों ने इनके प्रति एक आदर उत्पन्न कर दिया। जिस प्रकार अश्वत्थ अर्थात् पीपल को विष्णु का प्रतीक कहा गया, उसी प्रकार इस जटाधारी वट वृक्ष को साक्षात् जटाधारी पशुपति शंकर का रूप मान लिया गया। **स्कंदपुराण** में कहा गया है–

अश्वत्थरूपी विष्णुः स्याद्वटरूपी शिवो यतः।

अर्थात् पीपलरूपी विष्णु व वटरूपी शिव हैं। वट वृक्ष की लटकती लंबी जटाएँ, कोटर व बिलों में एक समान रह रहे पक्षी व सर्प को देखकर जटाधारी पशुपति शंकर के अतिरिक्त भला और किसकी कल्पना की जा सकती है ? शिव की जटाओं में गंगा और चंद्रमा, बाहु में भुजंग व सामने नंदी जैसे सौम्य प्राणी एकसाथ रहकर उसे कल्याणकारी बना देते हैं, इसी प्रकार वट को भी मंगलकारी कल्याणकारी वरदायी मान लिया गया। सैकड़ों वर्ष पुराने वट वृक्ष किसी देवता से कम नहीं, जिसकी छाया में न केवल पक्षी

अपितु सर्प जैसे भयंकर प्राणी और यक्ष जैसी यायावर जातियाँ निवास करती थीं। **हरिवंश पुराण** में एक विशाल वट वृक्ष का वर्णन आता है जिसका नाम भाण्डीरवट था और उसकी भव्यता से मुग्ध हो स्वयं भगवान् ने उसकी छाया में विश्राम किया–

न्यग्रोधपर्वताग्रामं भाण्डीरंनाम नामतः।
दृष्ट्वा तत्र मतिं चक्रे निवासाय ततः प्रभुः:।।

सुभद्रवट नाम से एक और वट वृक्ष का भी वर्णन मिलता है जिसकी डाली गरुड़ ने तोड़ दी थी। **रामायण** के अक्षयवट की कथा तो लोक प्रचलित है ही। परंतु वाल्मीकि **रामायण** में इसे श्यामन्यग्रोध कहा गया है। कहा गया है यमुना तट पर स्थित वह वट अत्यंत विशाल था। उसकी छाया इतनी घनी एवं ठंडी थी कि उसे श्यामन्यग्रोध नाम दे दिया गया। श्याम शब्द कदाचित् वृक्ष की विशाल छाया के नीचे के घने अथाह अंधकार की ओर संकेत करता है और अथवा गहरे हरे रंग की पत्रावलि की ओर, यह स्पष्ट नहीं है। परंतु **रामायण** के परावर्ती साहित्य में इसका अक्षयवट नाम से अवश्य उल्लेख मिलता है। राम-लक्ष्मण-सीता अपने वन-प्रवास के समय जब यमुना पार करके दूसरे तट पर उतरते हैं, तब तट पर स्थित इस विशाल वृक्ष को देखकर सीता इसे प्रणाम करती हैं और अपने पति के वनवास-व्रत की पूर्ति के लिए आशीर्वाद माँगती हैं ताकि वनवास निर्विघ्न पूर्ण हो :

ते तीर्णाः प्लवमुत्सृज्य प्रस्थाय यमुनावनात्
श्यामं न्यग्रोधमासेदुः शीतलं हरिच्छदम्
न्यग्रोधं समुपागम्य वैदेही चाभ्यवन्दत
नमस्तेऽस्तु महावृक्ष पारयेन्मे पतिर्व्रतम्।।

वाल्मीकि **रामायण** के लिखे जाते समय तक सौभाग्यवती स्त्रियों द्वारा अपने सौभाग्य की मंगलकामना के लिए वट वृक्ष की परंपरा कदाचित शुरू हो चुकी थी। आज भी सौभाग्यवती स्त्रियाँ अखंड सौभाग्य की मंगलकामना के लिए 'सावित्री वटपूजा' का पारायण व पूजा करती हैं। प्रयाग में स्थित यही श्यामन्यग्रोध बाद में अक्षयवट के नाम से प्रसिद्ध हुआ। आज भी यह विश्वास प्रचलित है कि इसकी पूजा से मनोकामना पूर्ण होती है। यमुना तट पर किले के भीतर एक छोटा मंदिर स्थित है जिसमें वट वृक्ष की एक शाखा पृथ्वी से निकलकर छत को छूती दिखाई देती है। इस स्थान पर काफी अंधकार भी है। श्रद्धालु भक्त उसकी पूजा करके अपनी मनोकामना पूर्ति की प्रार्थना करते हैं। ऐसी मान्यता है कि प्रयागवाला यह वृक्ष शताब्दियों पुराना है। परंतु पाताल पुरी मंदिर में स्थित यह तना वास्तव में वटवृक्ष न होकर वट की एक शाखा है। असली वट की, जो कि यहाँ से काफी दूर है, एक शाखा भक्तजनों की सुविधा हेतु यहाँ प्रत्यारोपित कर दी गई है। प्रसिद्ध लेखक श्री रोमेश बेदी के अनुसार यह ठूँठ जब गल जाता है तब किसी रात को अंधकार में नई शाखा वहाँ प्रत्यारोपित कर दी जाती है। इस संबंध में 24 जून, 1951

को *लीडर* नामक प्रसिद्ध समाचारपत्र में छपा है। हाँ, किले की दक्षिण-पूर्वी दीवार में राख के ढेर में दबे वटवृक्ष की शाखाएँ मिली हैं जिसके वलय गिनने से वह वृक्ष पाँच सौ वर्ष पुराना जान पड़ता है। ह्यून-सांग व फाह्यान ने भी अपनी यात्राओं में प्रयाग स्थित अक्षयवट का उल्लेख किया है। ह्यून-सांग के समय में स्वर्ग प्राप्ति की आकांक्षा से प्रेरित भक्त इस वृक्ष से यमुना में छलाँग लगाकर आत्महत्या करते थे, इसलिए इसका एक नाम 'यमप्रिय' भी प्रचलित हुआ। एक उपलब्ध सनद के अनुसार 'अक्षय-वट किले के भीतर था जिसकी पूजा का अधिकार अकबर के समय से अयोध्यानाथ योगी के पास था।'

भड़ौच से लगभग बीस किलोमीटर दूर नर्मदा के एक किनारे 'कबीर बड़' नाम से प्रसिद्ध एक प्राचीन वट वृक्ष है। कहते हैं कि प्रसिद्ध निर्गुणपंथी संत कबीर ने दातौन करके उसकी लकड़ी यहाँ दबा दी थी जिससे यह वृक्ष उत्पन्न हुआ। चेन्नई अड्यार में भी शताब्दियों पुराना एक अत्यंत सुंदर वट वृक्ष है। कलकत्ता में भी शिबपुर के वनस्पति उद्यान में वट वृक्ष है जो कि लगभग तीन सौ वर्ष पुराना है। इस वृक्ष का मुख्य तना तो न जाने कब का सड़-गलकर समाप्त हो गया है। परंतु वृक्ष अभी भी अपनी असंख्य भुजाओं व जटाओं का वितान ताने बड़ी शान से खड़ा है।

गाँव अथवा नगर की सीमा पर पथ के किनारे, मंदिर के प्रांगण में, नदी के तट पर वट वृक्ष अनेक बार दृष्टिगोचर होते हैं। **अग्निपुराण** में कहा गया है कि गाँव की पूर्व दिशा में लगा वट वृक्ष शुभ होता है। **ब्रह्मवैवर्त्तपुराण** में द्वारिका निर्माण के समय विश्वकर्मा श्रीकृष्ण से पूछते हैं कि नगर के निर्माण में क्या शुभ है और क्या अशुभ और कौन-से वृक्ष कहाँ पर लगाए जाएँ। तब श्रीकृष्ण उत्तर देते हैं–

वटो निषिद्धः शिविरे नित्यं चोरभयं यतः।

अर्थात् शिविर में वट वृक्ष नहीं होना चाहिए अन्यथा नित्य चोर का भय रहता है। वटवृक्ष बहुत घना होता है और एक तो क्या, अनेक व्यक्ति भी यदि इसकी घनी शाखाओं में छिप जाएँ तो उन्हें खोज पाना असंभव होगा। संभवतः इसी सुरक्षा की दृष्टि से शिविर में वट वृक्ष का निषेध कर दिया गया।

वट, पीपल, पाकड़, कटहल, गूलर को 'पंच क्षीर वृक्षाणि' कहते हैं। इनकी टहनियों व पत्तों को तोड़ने पर दूध जैसा श्वेत तरल पदार्थ निकलता है। सूख जाने पर वह गोंद का काम भी करता है। शायद इसी दूध के कारण वह वृक्ष आसानी से मरता नहीं है। भारत में साधु-संन्यासी इसी दूध द्वारा अपने बालों की जटाएँ बनाते हैं। राम जब वनवास को गए तब गंगा पार करने से पूर्व उन्होंने निषाद राज से वट का दूध मँगवाया ताकि वे अपने केशों की जटाएँ बना सकें–

'जटाःकृत्वा गमिष्यामि न्यग्रोधक्षीरमानय।
तत्क्षीरं राजपुत्राय गुहः क्षिप्रमुपाहरत्।।–वाल्मीकि रामायण

पत्तों में उपस्थित इस दूध के कारण बकरी, हिरण आदि पशु इसके पत्तों को बहुत चाव से खाते हैं। कई दवाओं में भी इस गोंद का प्रयोग होता है। असम में इस दूध की सहायता से एक प्रकार का कागज भी बनाया जाता है।

'वट' शब्द का अर्थ ही वृक्ष के स्वभाव की ओर संकेत करता है अर्थात् वह वृक्ष जो दूसरे को जकड़ ले। पंजाब में वट शब्द आज भी लपेटने, जकड़ने के पर्याय में प्रयोग होता है। बरगद नाम से पुकारे जानेवाले इस वृक्ष को वैज्ञानिक 'फ़ाइकस बंगालसिस' कहते हैं... वैसे साधारण भाषा में इसे 'बैनयन' कहते हैं। यही मान्यता है कि व्यापारी वर्ग बनिया के देश से संबंधित होने के कारण ही वृक्ष को यह नाम अंग्रेजों ने दिया। इससे वैश्य समाज को भी महत्ता मिल गई। वट वृक्ष व पीपल दोनों ही असीमित दृढ़ क्षमतावाले वृक्ष हैं, एक बार उग जाने पर यदि इन्हें शुरू में ही समूल नष्ट न कर दिया जाए तो फिर इन्हें समाप्त करना असंभव ही हो जाता है। मजबूत से मजबूत भवन की दीवार की चिनाई के भीतर राई जैसे नन्हे बीज को पैर जमाने में देर नहीं लगती, फिर तो मजबूती व दृढ़ता को चुनौती देता यह नन्हा बीज भीतर ही भीतर गहरे में धँस जाता है, इसकी जड़ें ईंट-दर-ईंट को पकड़ती-जकड़ती हुई दूर तक पहुँच जाती हैं। इस प्रकार भवन नष्ट हो जाता है परंतु बरगद का साम्राज्य दूर-दूर तक फैल जाता है। जिस वृक्ष की जटाएँ इतनी शक्तिशाली हों उस वृक्ष का गाँव की सीमा पर ही रहना उचित है। फैले भी तो क्या थके पथिक को छाया ही तो देगा। मूल तने की शाखाओं से निकली जटाएँ हवा में झूलती रहती हैं। यह काफी लचीली होती हैं जिसके अंतिम छोर पर गाय की पूंछ के समान जड़ें लटकी होती हैं। ये ही जड़ें जब धरती को छू लेती हैं, अपने आप धरती के भीतर घुस जाती हैं और जटा एक मजबूत तने में परिवर्तित हो जाती है। फिर इस तने से और जटाएँ निकलकर आगे फैलती जाती हैं और नए-नए तने बन जाते हैं। असंख्य तनों के इस जंगल में मूल तने का पता लगाना बहुत ही पेचीदा कार्य है। ये जटाएँ इतनी दृढ़ होती हैं कि प्रकृति ने इस विशाल वृक्ष की भोजन-व्यवस्था का भार इन्हें सौंप दिया। जटाएँ तना बनकर धरती के भीतर से भोजन संग्रह करती हैं। इस प्रकार वृक्ष चाहे कितनी भी दूरी तक क्यों न फैल जाए उसकी भोजन-व्यवस्था सुचारु ढंग से चलती रहती है। पीपल, गूलर के समान फल लगते हैं जो पकने पर लाल सुर्ख हो जाते हैं। पक्षी इन्हें बहुत चाव से खाते हैं। तीर्थस्थानों में उगे वट वृक्ष साधु-संतों के धूनी रमाने, यात्री के आवास की व्यवस्था आदि के काम आते हैं, वर्षा-धूप से उनकी रक्षा भली प्रकार होती है। पत्ते गोल व चिकने होते हैं। नए पत्ते सुर्ख लाल नई कली के समान लंबे व लिपटे हुए होते हैं। वर्षा के बाद धुला हुआ वृक्ष बहुत ही सुंदर लगता है। प्राचीन काल में वटवृक्ष की छाया में ही ऋषि-मुनि अध्ययन, शिक्षा, यज्ञ आदि का कार्य किया करते थे। इस प्रकार हिंदू धर्म व दर्शन दोनों ही इसकी छाया में फूले-फले और न जाने कितने दृश्यों के साक्षी ये वृक्ष रहे।

भारतीय वैद्यकशास्त्र में भी इसके फल, पत्तों व दूध आदि का उपयोग दवा के रूप में बताया गया है। रक्त-शुद्धि और कुष्ठ जैसे रोगों के लिए बरगद का दूध ही काम

में लाया जाता रहा। आजकल इस दिशा में बहुत कम अध्ययन व खोज की गई है। भारतीय वैद्यकशास्त्र को माननेवालों को प्रकृतिप्रदत्त इस विशाल वृक्ष को लेकर खोज अवश्य करनी चाहिए। **सुश्रुत, चरक संहिता** में विभिन्न रोगों के उपचार के लिए इसके कई प्रयोग बताए गए हैं।

वट वृक्ष भारत की दार्शनिक आस्था को भी प्रतिबिंबित करता रहा है। यूँ तो जब परिवार का पीढ़ी-दर-पीढ़ी इतिहास लिखा जाता है तो वट वृक्ष के समान ही वंशवृक्ष बनाया जाता है जिसके मुखिया से संतानों आदि का क्रम बनाया जाता है। परिवार व समाज में मुखिया की स्थिति स्वयं भी वट वृक्ष के समान होती है, जिसकी छाया में सभी संरक्षण पाते हैं। यह बात भी निर्विवाद सत्य है कि उसके नीचे कुछ भी पनपने नहीं पाता। उसकी जटाएँ धरती के भीतर दूर-दूर तक जड़ों का ऐसा घना जाल बुन लेती हैं कि अन्य वृक्ष की जड़ों को पैर जमाने की गुंजाइश ही नहीं रहती। इसीलिए कहा जाता है कि वट की छाया तो होती है परंतु व्यक्ति की अस्मिता दब जाती है, उसके व्यक्तित्व का विकास नहीं होने पाता है। छाया की ठंडक के अंधकार के बाद जीवन की वास्तविकता का प्रकाश आँखों को चुँधिया देता है और कुछ भी स्पष्ट नज़र नहीं आता है। जीवन की आपाधापी में मनुष्य में व्यक्तित्व के सर्वांगीण समुचित विकास के लिए प्रकाश भी उतना ही आवश्यक है जितना संरक्षण।

श्रीमद्भागवत पुराण के अनुसार प्रलयकाल में जब पूरी पृथ्वी पानी में समा गई तब स्वयं ईश्वर ने माया-शिशु के रूप में दर्शन दिए और दिए भी कैसे...पानी की लहरों पर एक वट-पत्र स्थिर तैर रहा है जिस पर माया शिशु मज़े से अपने अँगूठे को चूसते हुए लेटे हुए हैं–

विश्वं युगान्ते वटपत्र एक: शेते स्म मायाशिशुरङ्घ्रिपान:

ईश्वर का बाल-रूप में दर्शन सृष्टि के नवनिर्माण की ओर संकेत करता है... बालक निश्चिंतता से अँगूठा चूस रहा है... क्योंकि जीवन फिर प्रारंभ होगा... पत्ता भी तो कोई और हो सकता था, वटपत्र ही क्यों ?... संभवत: इसलिए क्योंकि वट में जीवन की अपार जिजीविषा है... कहीं भी कैसी भी परिस्थिति में उग आने, जी लेने की अपार क्षमता है... और केवल जी लेना ही नहीं... विस्तारपूर्वक, अपार घना संरक्षण देते हुए। विष्णु अर्थात् व्यापक... तो भला वट से बढ़कर इस 'व्यापक' का प्रतीक क्या हो सकता था। वट है प्रतीक भारतीय अस्मिता का... दर्शन का... धर्म का, जो जितना ही प्राचीन है उतना ही घना है, उतना ही व्यापक है, उसमें नई-नई जटाएँ निरंतर निकलती हैं जो कि उसके वर्चस्व को और भी गरिमा प्रदान करती हैं।

शाल्मली

अहं त्वामभिजानामि विदितश्चासि मे द्रुम।
पितामहः प्रजासर्गे त्वयि विश्रान्तवान् प्रभुः।।

—महाभारत, आपद्धर्म पर्व

नारद ने शाल्मली से कहा, 'मैं तुम्हें जानता हूँ और यह जानता हूँ कि ब्रह्मा ने सृष्टि निर्माण के समय तुम्हारे नीचे विश्राम किया था।' **महाभारत** में यह कथा इस प्रकार आती है कि हिमालय की तलहटी में एक विशालकाय शाल्मली का वृक्ष था जिसकी शाखाएँ योजनों दूर तक फैली हुई थीं, जिन पर असंख्य पक्षी बसा करते और उसके नीचे सैकड़ों पशु एवं मनुष्य वास करते थे। एक बार नारद मुनि घूमते-घामते उस तरफ आ निकले और उस विशाल भव्य वृक्ष को देखकर मुग्ध हो गए। उसकी प्रशंसा करते हुए बोले, 'लगता है कि पवनदेव की तुम पर असीम कृपा है जो उन्होंने तुम्हें धराशायी नहीं किया। पृथ्वी के विशालतम वृक्ष भी उनके आगे बिना झुके नहीं रह सकते।' शाल्मली का वृक्ष अपनी प्रशंसा सुनकर गर्व से बोला, 'मैं केवल विशाल ही नहीं, बुद्धिमान भी हूँ, इसीलिए पवनदेव मेरा कुछ भी नहीं बिगाड़ सकते।'

बस क्या था, नारदजी को तो बस बहाना चाहिए, वीणा बजाते हुए पहुँच गए पवनदेव के दरबार में और नमक-मिर्च लगाकर शाल्मली की गर्वोक्ति की बात कही। वृक्ष की गर्वोक्ति सुनकर पवनदेव तिलमिला उठे और तत्काल चल पड़े उसके गर्व-निवारण के लिए। शाल्मली को ललकारकर कहने लगे, 'मैं कल ही तुम्हारे अहंकार को चूर-चूर कर दूँगा।' पवनदेव तो धमकी देकर चले गए, परंतु शाल्मली को लगा कि यह सब कहकर मैंने ठीक नहीं किया। अब तो अपने प्राणों की रक्षा इसी में है कि पवनदेव के आने से पूर्व ही यह सब अपनी शाखाएँ, फूल, पत्तियाँ स्वयं ही गिरा दूँ, और उसने ऐसा ही किया। अगले दिन पवनदेव जब पूरे वेग से दहाड़ते हुए आए तो शाल्मली के इस रूप को देखकर शांत हो गए और यह कहकर चले गए, 'तुमने स्वयं ही अपना रूप बदल लिया, कोई बात नहीं, मुझे भी तो यही करना था।'

संस्कृत साहित्य में 'शाल्मली' नाम से विख्यात सेमल, सेंबल या फिर सिंबल वृक्ष का वर्णन **रामायण** महाकाव्य से ही मिलता है। एक बड़ी विचित्र बात देखने को मिलती है कि वेदों में इस वृक्ष का उल्लेख कहीं पर भी नहीं मिलता। कदाचित् जिस स्थान पर वेदों की रचना हुई होगी उस प्रदेश में शाल्मली वृक्ष होता ही न हो और आर्य जैसे-जैसे

दक्षिण-पूर्व की ओर बढ़ते गए, शाल्मली का वर्णन अधिकाधिक मिलता गया। वाल्मीकि **रामायण** में 'किष्किंधा वर्णन' में शाल्मली का वर्णन आया है। **महाभारत** में एक स्थान पर शाल्मली की पूजा का वर्णन मिलता है–

सम्पूज्यते शाल्मलिश्च द्वीपे शाल्मलिके नृप।

मनुस्मृति में नगर सीमा पर वृक्षारोपण के लिए आवश्यक जिन वृक्षों की सूची दी गई है, शाल्मली उनमें से एक है–

सीमावृक्षांश्च कुर्वीत न्यग्रोधाश्वत्थकिंशुकान्।
शाल्मलीन्सालतालांश्च क्षीरिणश्चैव पादपान्।।

अर्थात् नगर सीमा पर वट, पीपल, पलाश, शाल्मली, साल, ताड़ और खीरनी के वृक्षों को लगाओ। परवर्ती संस्कृत एवं हिंदी साहित्य में शाल्मली की अत्यंत भर्त्सना की गई है। इसके गंधहीन शोणित वर्णीय बड़े-बड़े फूलों को लक्ष्य करके संस्कृत के एक कवि ने कहा–हे शाल्मली ! देखने में तो तुम अत्यंत विशाल हो, परंतु हो व्यर्थ के ही। न तो तुम्हारे पुष्प सुंदर हैं, न ही सुगंधित, भौंरे भी इन पर नहीं आते, पक्षी तुम्हारे ऊपर घोंसला नहीं बनाते। हो तो इतने विशाल, परंतु मनुष्य को छाया तक नहीं मिलती। और तो और, जब पक्षी ने तुम्हारे फल को खाना चाहा तो मुँह में रुई भर गई।' साहित्यकारों ने शाल्मली को खूब लताड़ा, भर्त्सना की। परंतु सत्य तो यह है कि वसंत का संदेशवाहक शाल्मली वृक्ष ही रहा है। शीत ऋतु में जब सूर्य उत्तरायण को संक्रमण करता है, तब शाल्मली वृक्ष की गहरी, हरी, मोटी, गोल अखरोट जैसी कलियाँ उसकी पर्णरहित टहनियों पर दिखाई देने लगती है। फरवरी के अंत में लाल-लाल फूल दूर से ही दमकने लगते हैं। इसके कटोरेनुमा फल के भीतर बेहद मधु भरा हुआ होता है। इतना सुंदर व आकर्षक फूल सबकी उपेक्षा का पात्र क्यों रहा, यही आश्चर्य की बात है। यह सत्य है कि इसके फूल से किसी देवता की पूजा नहीं होती।

विशाल आकारवाला यह वृक्ष 'बाम्बेक्स' जाति का है। कुरीजिया बाओबॉव, पकीरा आदि वृक्ष इसी परिवार के हैं। अंग्रेजी में 'बाम्बैक्स माला बारिका' के नाम से विख्यात इस वृक्ष को सिल्क कॉटन भी–अर्थात् रेशमी रुई का वृक्ष भी कहते हैं। हिंदी में सेमल, सिंबल नाम से विख्यात इस वृक्ष के अंदर पानी सँजो लेने की अद्‌भुत शक्ति होती है। बीज द्वारा उत्पन्न यह वृक्ष अत्यंत शीघ्रता से बढ़ता जाता है। छोटे-से पौधे की मूली जैसी मूसलनुमा मोटी जड़ जमीन के भीतर बहुत गहराई तक चली जाती है। शैशवावस्था में इस वृक्ष के तने के चारों ओर तीखे त्रिकोणाकार सीधे काँटे होते हैं जो कि वृक्ष की आयु बढ़ने के साथ-साथ लुप्त होते जाते हैं। ये काँटे ही वृक्ष में स्थापित नमी के वाष्पीकरण को रोकते हैं। वृक्ष का तना एकदम सीधा होता है व पहिये के आरे के समान शाखाएँ तने के चारों ओर फैलती हैं। ये शाखाएँ पृथ्वी के समानांतर सीधा फैलती हैं, और ऊपर की ओर जाते-जाते लंबाई में होती जाती हैं।

इस प्रकार उर्ध्वमुखी त्रिकोण आकार का हो जाता है। शीत ऋतु में इस पर पतझड़ आ जाता है, और पत्तियों के साथ-साथ नरम छोटी-छोटी टहनियाँ झड़ जाती हैं। जनवरी के अंत में इस पर गहरी हरी मखमली मोटी-मोटी कलियाँ आ जाती हैं जो फरवरी के अंत में बड़े-बड़े शोणित वर्णीय फूलों में बदल जाती हैं। ये फूल मोटी त्वचा के पाँच पंखुड़ीवाले होते हैं और बीच में पुंकेसर भी दो पंक्तियों में सीधा खड़ा हुआ निकलता है। पंखुड़ियाँ बाहर की ओर गोल घूमी हुई होती हैं और बीच में कटोरीनुमा मधु का विशाल भंडार एकत्रित हो जाता है। कवियों की कल्पना के विपरीत इस मधु के रसास्वादन के लिए असंख्य छोटे-छोटे पक्षी, कीट-पतंगे इस पर मँडराते रहते हैं। यहाँ तक कि कौआ भी इसकी मोटी त्वचावाली नरम पंखुड़ियों व मधु के लोभ में वहाँ पर डेरा डाले रहता है। यही पक्षी फूल के परागण में सहायक होते हैं। चींटे भी इस मधु के लोभ में जड़ से वृक्ष के अंतिम छोर तक पहँच जाते हैं। वृक्ष के नीचे की धरती लाल-लाल पंखुड़ियों से भर जाती है। जंगली पशु इन पंखुड़ियों को बड़े चाव से खाते हैं। यही नहीं, सेंबल के डोड़ों की सब्जी भी बड़े शौक से बनाई जाती है। उत्तरप्रदेश व बिहार में इसे बहुत पसंद किया जाता है।

शाल्मली का वृक्ष हिमालय के एकदम ठंडे बर्फीले एवं राजस्थान के शुष्क प्रदेश को छोड़कर लगभग संपूर्ण भारत में पाया जाता है। बिहार, बंगाल, मध्यप्रदेश, उत्तरप्रदेश, बस्तर के जंगलों में और दक्षिण में कुर्ग, केरल, मालाबार की पर्वत श्रेणियों में यह बहुतायत से पाया जाता है। यह वृक्ष अत्यंत ऊँचाई तक चला जाता है। संभवत: चील इसीलिए इस पर अक्सर अपना घोंसला बनाती है। पुराने वृक्ष के अगल-बगल से पुश्ते निकल आते हैं जो कि इसके तने को सीधा रहने में सहारा देते हैं। श्री रोमेश बेदी ने *इंडियन फ़ारेस्टर* नामक पुस्तक में से कुर्ग स्थित एक शाल्मली के विशाल वृक्ष का उद्धरण दिया है, जिसकी ऊँचाई 60 मीटर और उसके पुश्तों की संख्या सात थी तथा धरती से नौ मीटर की ऊँचाई पर इस वृक्ष के धड़ का व्यास साढ़े चार मीटर था। शाल्मली वृक्ष की आयु बहुत होती है। अपने विशाल आकार एवं दीर्घ आयु के कारण शाल्मली वृक्षों का वर्णन कई स्थानों पर मिला है।

शाल्मली का आकर्षण उसके फूल व फल दोनों ही हैं। इसके फूल एकसाथ नहीं खिलते। सबसे पहले वृक्ष के शीर्ष भाग में फूल खिलते हैं, फिर धीरे-धीरे नीचे की ओर खिलते जाते हैं। शाल्मली के पत्रविहीन लोहित वर्णीय फूलों से सज्जित वृक्ष अपने आप में एक सुंदर दृश्य होता है। वाल्मीकि ने तो रक्तरंजित घायल शरीर की तुलना पुष्पित शाल्मली वृक्ष से की...। कवि अज्ञेय को शाल्मली पुष्प 'गरिमामय' लगा। इसके फूलों से भरे विशाल वृक्ष को देख वे कह उठे-

सहसा झरा फूल सेमर का
गरिमा गरिम, अकेला पहला
क्या दूर चला सपना वसन्त का
चौबारा चौमहला–लाल रुपहला।

फूल खिलने के बाद जब इसमें फल आने लगता है तो साथ-साथ हरे पत्तों से वृक्ष भर उठता है। इसके पत्ते पाँच या सात पत्तियों से मिलकर बने होते हैं। देखने में यह एक फैली हथेली के समान लगते हैं। फूलों के झड़ने के साथ-साथ जहाँ एक ओर इसमें पत्ते आ जाते हैं वहाँ साथ ही साथ हरे रंग के मखमली त्वचावाले लंबे-लंबे फल भी फूल का स्थान ले लेते हैं। यह लंबोतरा फल गरमी के आते ही पककर पाँच पंखुड़ियों में विभाजित होकर कट जाता है और उसके भीतर काले-गहरे-भूरे रंग के गोल दानों रूपी बीज के साथ नरम रेशमी रुई के रेशे हवा पर सवार होकर दूर-दूर तक उड़ने लगते हैं। यह फल वृक्ष पर ही फटता है। और जब वह फटता है तो उसमें से निकलती रुई पूरे वातावरण को भर देती है। यही बीज जो रुई की सहायता से दूर-दूर तक फैल जाते हैं, वर्षा आते ही एकदम अंकुरित हो जाते हैं।

अप्रैल-मई के महीने में रुई एकत्रित करनेवाले सुबह-सुबह फल कटने से पूर्व ही पके हुए फलों को बटोर लेते हैं। मुलायम व चिकनी होने के कारण तकियों व कुशन के लिए इसकी बहुत माँग रहती है। इसके बीज को रुई से अलग करने का कार्य बहुत श्रमसाध्य है, क्योंकि यह रुई हलकी होने से हवा में एकदम उड़ने लगती है और रुई साफ़ करनेवालों के कपड़ों व शरीर पर चिपक जाती है। यही नहीं, सबसे अधिक समस्या इसके साँस में आने की होती है अतः नाक पर कपड़ा लपेटकर, हवा से बचाकर सावधानीपूर्वक यह कार्य करना पड़ता है। कई बार हवा में उड़ती इस रुई के कारण लोगों को साँस से एलर्जी की तकलीफ भी हो जाती है।

शाल्मली वृक्ष की छाया न हो, ऐसी बात नहीं है। परंतु इसकी आम जैसी घनी व ठंडी छाया नहीं होती। इस वृक्ष की जड़ों के पास कोई अन्य वृक्ष पनप नहीं पाता। यदि कहीं इसका पौधा दीवार के पास निकल आए तो पूरी दीवार को नष्ट कर देता है। वास्तव में शाल्मली घर-आँगन की शोभा न होकर बड़े उद्यानों, सड़क के किनारों, गाँव व खेत की मुँडेरों आदि पर लगाने के लिए अधिक उपयुक्त है। आधुनिक उद्यानप्रेमियों ने शाल्मली को उपेक्षित कर दिया है। परंतु ब्रिटिश काल में इसके वृक्ष सड़क के किनारे, बड़ी-बड़ी कोठियों व बागों में लगाए जाते रहे हैं। उस समय के लगाए गए विशाल वृक्ष आज भी नई दिल्ली में मिलते हैं। लोदी गार्डन, दिल्ली में लगे शाल्मली वृक्षों की शोभा तो मार्च में देखनेवाली होती है।

शाल्मली की लकड़ी हलकी होती है और कई विशेष उद्देश्यों के लिए खूब पसंद की जाती है। परंतु आज ग्राम की सीमा का प्रहरी अपनी रक्षा में ही असमर्थ हो गया है और काफी तेजी से काटे जानेवाले वृक्षों में इसका नाम भी शामिल है। इतना सुंदर वृक्ष होते हुए भी न जाने किसके शाप के कारण यह उपेक्षित हो रहा है। महाकवि प्रसाद जैसे कोमल-हृदय कवि के लिए यह 'महाभयावह' ही रहा, कोई सहृदय इसे नहीं लगाएगा।

देखो ! वृक्ष शाल्मली का यह महाभयावह कैसा है ?

शिरीष

मनीषिता: सन्ति गृहेषु देवतास्तप: क्व वत्से क्व च तावकं वपु: ।
पदं सहेत भ्रमरस्य पेलवं शिरीषपुष्पं न पुन: पतत्रिण: ।।

—कुमारसंभवम्

हिमालय की पुत्री पार्वती ने नारद की सलाह पर शिव को पतिरूप में पाने के लिए जब तपस्या का निश्चय किया तो माता मैना एकदम घबरा गई और विचलित होकर पुत्री को समझाने लगी—हे वत्से ! अभिलाषापूर्ण करनेवाले देवता तो तुम्हारे घर पर ही विद्यमान हैं, कहाँ कठोर तपस्या और कहाँ तुम्हारा कोमल शरीर ? शिरीष का फूल भौंरों के सुकुमार चरण भार को तो सह सकता है परंतु पक्षियों के चरण भार को नहीं। मात्र भौंरों के चरण भार को सहने की क्षमतावाला यह पुष्प कितना कोमल होगा, इसकी कल्पना तो सहज ही की जा सकती है। इसकी कोमलता की ओर कवि कालिदास ने अपने साहित्य में अलग-अलग प्रकार से संकेत किया है। **कुमारसंभवम्** में ही पार्वती की कोमल बाहुओं की शिरीष से उपमा दी—

शिरीषपुष्पाधिकसौकुमार्यौ बाहू तदीयाविति मे वितर्क: ।

तो **रघुवंशम्** में राजा सुदर्शन को शिरीष पुष्प से भी अधिक कोमल बताया जो आभूषणों के भार को तो सह नहीं सकते परंतु पृथ्वी के भार को सहने में सक्षम हैं... यही है कालिदास की अभिव्यंजना शक्ति—

शिरीषपुष्पाधिकसौकुमार्य: खेदं स यायादपि भूषणेन ।
नितान्तगुर्वीमपि सोऽनुभावाद् धुरं धरित्र्या बिभरांबभूव ।।

किरतार्जुनीय में कवि भारवि ने तोतों की कोमलता की तुलना खिले हुए शिरीष फूलों से की है। मूँगे जैसी लाल चोंच, धान की नव बाल जैसी हरित आभा लिए पीताभ रंग और शिरीष जैसे कोमल अंगवाले तोतों की पंक्ति इंद्रधनुष की शोभा धारण कर रही है—

मुखैरसौ विद्रुमभङ्गलोहितै: शिखा: पिशङ्गी: कलमस्य बिभ्रती ।
शुकावलिर्व्यक्तशिरीषकोमला धनु:श्रियं गोत्रभिदोऽनुगच्छति ।।

शिशुपालवध में महाकवि माघ ने शिरीषपुष्प-रज की कान्ति का सादृश्य सूर्य के रथ के घोड़ों के शरीर की सुनहरी रोमावलि के साथ प्रस्तुत किया है–

रवितुरङ्गतनूरुहतुल्यतां दधति यत्र शिरीषजोरुचः।।

कैसा है यह शिरीष पुष्प, जिसने अपनी कोमलता एवं सुकुमारता से ही सभी को बाँध लिया ! पतले नाजुक रेशमी तंतुनुमा लंबे केसरवाले कई फूल एकसाथ एक छोटी डंडी के अग्रभाग पर खिलते हैं जो पेड़ की शाखाओं से पत्तों के बगल से निकलती है। दूर से यह पुष्पगुच्छ एक बड़े पुष्प का आभास देता है। पुष्प हलकी हरित आभा के साथ फीके पीले रंग के होते हैं। खिलने के साथ ही दूर-दूर तक इसकी मधुर गंध फैल जाती है और हवा सुवासित हो उठती है। देखने में ये नाजुक गोलाकार रेशमी ब्रुश जैसा लगते हैं। वास्तव में कोमल इतने कि ये तन्तु वृक्ष से अलग होते ही मुरझा जाते हैं। प्रकृति के सुकुमार अवयवों से मिलकर बने पुष्प के कारण इसे संस्कृत में 'वृत्तपुष्प', 'मूर्द्धपुष्प' 'सुपुष्पक' मृदुपुष्प नामों से पुकारा गया। यह पुष्प कोमलता व नाजुकता का पर्याय बन गया। तुलसी-कृत **रामचरितमानस** में सीता जब राम को देखती हैं तो उनके शरीर की सुकुमारता को देख चिंतित हो जाती हैं कि इतने सुकुमार राम कैसे धनुष तोड़ पाएँगे–

बिधि केहि भांति धरौ उर धीरा, सिरस सुमन कन बेधिअ हीरा।

शिरीष एवं मृणाल नाल के तंतु दोनों ही कोमलता का पर्याय बनकर साहित्य जगत में छाए रहे। वनस्पति जगत के वैज्ञानिकों ने इसे 'अल्बीज़िया लेबेक' नाम दिया। यह नाम सुप्रसिद्ध इटालियन वनस्पतिज्ञ 'अल्बीज़ी' के सम्मान में प्राप्त हुआ। वैसे इसका हिंदी में लोकप्रचलित नाम सिरस, सिरीस व शिरीष है।

यह पर्णपाती वृक्ष लगभग पूरे भारत के गर्म प्रदेश में पाया जाता है। बहुत आसानी से उगता व बढ़ता है। जंगलों में इसके बीज झड़कर दूर-दूर तक हवा के सहारे पहुँच जाते हैं और यह आसानी से उग आता है। नन्हे-नन्हे गोल पत्ते एक पतली डंडी में आमने-सामने लगे रहते हैं। वृक्ष भी काफी घना छायादार होता है। इसका वृक्ष ऊपर की ओर बढ़ने के साथ-साथ चारों ओर विस्तार पाता है। अक्सर तना ज्यादा ऊँचा नहीं होता और चारों ओर फैली टहनियाँ इसे सुंदर छायादार फैले हुए वृक्ष का आकार दे देती हैं। लेग्यूमिनोसी परिवार के पुष्प इसी प्रकार तंतुनुमा कोमल होते हैं। पहले इसे 'मोइमोसा सिरिसा' कहकर पुकारते थे। सर्दी के मौसम में पत्ते झड़ जाते हैं और पतली लंबी चपटी फलियाँ लटकी रह जाती हैं। सूखने पर यह एकदम करारी पापड़ के समान हो जाती हैं। जब हवा चलती है तो ये आपस में टकराकर खूब आवाज करती हैं। इसी आवाज के कारण अंग्रेजी में इसे 'सिज़लिंग ट्री' एवं 'फ्राई वुड ट्री' भी कहते हैं। संस्कृत साहित्य का कोमल कमनीय शिरीष अंग्रेजी कवि को रास नहीं आया और उन्होंने इन लंबी खड़खड़ाती फलियों को देखकर इसे 'वूमेन्स टंग' नाम दे दिया। बेचारा शिरीष इस अपवाद का विरोध भी करे तो कैसे... कोमल नाजुक व्यक्ति को तो दबना ही पड़ता है।

एक रीतिकालीन कवि ने इन फलियों की खड़खड़ाहट में वसंत-रूपी तुरंग के भागते कदमों की आहट सुनी, क्योंकि यह फलियों की खड़खड़ाहट नहीं वसंत-रूपी तुरंग के पैरों की झाँझर की आवाज है। अमलतास की ही भांति इस वृक्ष में गत वर्ष की पकी सूखी सफेद भूरी कलियाँ एवं फूल अक्सर साथ-साथ ही लगे मिलते हैं। विशाल छायादार वृक्ष होते हुए भी सड़क के किनारे लगाए जानेवाले वृक्षों में इसकी गणना नहीं होती। गुलमोहर की ही भाँति इस वृक्ष की जड़ें गहराई में न जाकर धरती की सतह में ऊपर ही ऊपर चारों ओर फैलती हैं। जरा-सी भी तेज हवा चलने पर अथवा आँधी आने पर इसके शीघ्र ही उखड़कर धराशायी होने की काफी संभावना रहती है। वन में वृक्षारोपण को घना बनाने के लिए यह वृक्ष बहुत उपयुक्त रहता है। इसकी वृद्धि भी बहुत तेजी से होती है। जंगलों में लगे इसके विशाल वृक्ष जंगलों की हरियाली को बढ़ाने के साथ-साथ सुगंध भी फैलाते हैं। सीताहरण के पश्चात् राम जब किष्किंधा क्षेत्र में रहते हैं तब जंगल में खिले सुंदर वृक्षों की ओर वे लक्ष्मण को संकेत करते हैं और साथ ही साथ पुष्पित वृक्ष उनकी विरह वेदना को और बढ़ाते हैं। उन वृक्षों में शिरीष का भी वर्णन आता है–

केतकोद्दालकाश्चैव शिरीषा: शिंशपा धवा: ।
शाल्मल्य: किंशुकाश्चैव रक्ता: कुरबकास्तथा ।।

प्राचीन काल में विभिन्न पुष्पों द्वारा श्रृंगार करने की प्रथा का प्रचलन बहुत रहा। कदंब, बकुल, अशोक, सहकार, कमल आदि के साथ-साथ शिरीष भी श्रृंगार-प्रसाधन में प्रयुक्त हुआ। संभवत: रेशमी कोमलता एवं सुगंध के कारण यह आकर्षण का केन्द्र बन गया। विशेषकर कर्णफूल के रूप में इसके प्रयोग का वर्णन जगह-जगह पर मिलता है। **अभिज्ञान शाकुन्तलम्** में वृक्षों को पानी देते समय पसीने की बूँदें शकुंतला के कान पर लटके शिरीष-पुष्प में अटक जाती हैं और उसके सौंदर्य को बढ़ा देती हैं–

स्त्रस्तं कर्णशिरीषरोधि वदने धर्माम्भिसां जालकम् ।।

जितना कोमल शिरीष पुष्प उतनी ही कमनीय कल्पना। कविगुरु रवींद्रनाथ ने इसी भाव को इस प्रकार दर्शाया है।

"जैसे शिरीष के फूल की अलकों में शिशिर बिंदु छूते ही हिल उठता है।'' इस नाजुक तंतुनुमा पुष्प में अटके जलकण किसी हीरक कण से कम नहीं लगते। इसी प्रकार **रघुवंश** में जब राजा कुश की रानियाँ सरयू नदी में जलविहार कर रही थीं तो उनके कानों के शिरीष पुष्प निकलकर पानी में गिर गए। उन नाजुक तंतुओं को देख मछलियाँ सेवार के भ्रम में झपटने लगीं–

अमी शिरीषप्रसवावतंसा: प्रभ्रंशिनो वारिविहारिणीनाम् ।
पारिप्लवा: स्त्रोतसि निम्नगाया: शैवाललोलांश्छलयन्ति मीनान् ।।

शिरीष वृक्ष की लकड़ी बहुत ही उपयोगी होती है। फर्नीचर बनाना हो अथवा कृषि

उपकरण अथवा काष्ठ की सजावटी वस्तुएँ, खिलौने आदि, इसके लिए यह लकड़ी सर्वोत्कृष्ट मानी जाती है। इसमें शीघ्र सूखने की अतीव क्षमता होती है। इन्हीं गुणों के कारण इसे 'ईस्ट इंडियन वॉलनट वुड' भी कहते हैं। वनों में लगाए जाने पर यह एक लाभप्रद सौदा है। भारतीय वैद्यकशास्त्र में शिरीष का दवा के रूप में बहुत महत्त्व है। इसकी छाल, पत्ते, बीज, सभी विभिन्न रोगों के उपचार हेतु प्रयोग किए जाते हैं। कहते हैं कि इसमें कीड़ों को मारने की असीम क्षमता है। नेत्र रोगों के लिए भी इसके पत्तों का रस प्रयोग किया जाता है। यह अत्यंत दु:ख का विषय है कि वैद्यकशास्त्र में अधिक शोध न होने के कारण इनकी सत्यता को स्थापित करना कठिन है।

शिरीष की छाया इतनी सुंदर व घनी है कि यह अन्य पौधों के लिए हानिकारक होती है। इसकी छाया व इसके आसपास अन्य पौधे पनप नहीं पाते क्योंकि इसकी जड़ें धरती के ऊपर ही ऊपर फैलती हैं। इन जड़ों के ऊपर ही ऊपर फैलने की प्रवृत्ति के कारण सड़क के किनारे भी इसे रोपा नहीं जा सकता। हाँ, उद्यानों में यह बहुत सफलतापूर्वक उगाया जा सकता है। शिरीष की एक किस्म को 'काला शिरीष' भी कहते हैं और दवा के रूप में उसका बहुत महत्त्व है। इसी प्रकार लाल रंग के फूलोंवाली किस्म भी होती है।

आंध्रप्रदेश के हैदराबाद नगर में मैंने स्वयं लाल रंग के शिरीष का सुंदर छतनार वृक्ष फूलों से लदा देखा है। कहीं इस लाल पुष्पवाली किस्म को देखकर ही तो भारवि ने तोतों की इससे तुलना नहीं की ? कविगुरु रवींद्रनाथ ने भी अपने आँगन में खिले शिरीष वृक्ष को देखा तो उन्हें विगत फागुन की याद आई। उस समय भी इसी प्रकार शिरीष फूला था, बताओ, गत वर्ष ऐसे ही दिन फाल्गुन मास में स्वर्गलोक की किस नर्तकी के नूपुर-ताल पर शिरीष के प्रफुल्लित डालों में नाच का नशा छाया हुआ था ?

आर बछरेह एमनि दिनेइ फागुन मारने की उच्छवासे
नाचेर मातन लागल शिरीष डाले स्वर्गपुरेर कोन नूपुरेर ताले।

सहकार-आम

हरितारुणचारुबन्धनः कलपुंस्कोकिलशब्दसूचितः।
वद सम्प्रति कस्य बाणतां नवचूतप्रसवो गमिष्यति।। –कुमारसंभवम्

हे कुसुमायुध ! कोयल के मधुर शब्द सुनने के लिए जिसके उदय का अनुमान किया जाता है वह हरे व लाल रंग के सुंदर बंधनों से युक्त नया आम्र-बौर तुम्हारे परलोक जाने पर, कहो, अब वह किसका बाण बनेगा ?

देवताओं की योजना के अनुसार बेचारा कामदेव जब शिवजी पर अपना बाण चलाता है तो उनके तीसरे नेत्र की प्रचंड ज्वाला में भस्म हो जाता है। तब रति विलाप करते हुए आम्र-बौर की याद दिलाती है जो उसी के समान स्वामीरहित हो गया है। यही नहीं, जब वह भस्मीभूत पति के अवशेष देखती है तो कामदेव के मित्र वसंत से प्रार्थना करती है कि उनके पति की अंतिम क्रियाएँ करते समय श्राद्ध में चंचल पत्तों से युक्त आम्र मंजरी अवश्य देना क्योंकि तुम्हारे मित्र को वे पसंद थीं।

विस्मय का विषय है कि संस्कृत साहित्य आम्र-मंजरी की जिसे सहकार, आम्रचूत व नवचूतप्रसव भी कहते थे, सुगंध व सौंदर्य के वर्णन से भरा पड़ा है परंतु आम के फल की चर्चा तक नहीं। उसकी मंजरी वसंत के आगमन का संदेशवाहक होती है, प्रेम के प्रतीक के रूप में भेंट की जाती है, मधुर गंध के कारण मदमस्त बना देती है। कालिदास की तो यह प्रिय रही है और उन्होंने इसका वर्णन अलग-अलग ढंग से अपनी सभी रचनाओं में किया है। वसंत ऋतु के वर्णन में अशोक पुष्प एवं आम्र-मंजरी का उल्लेख संस्कृत साहित्य में खूब आया है, दोनों ही कामदेव के प्रिय पुष्प हैं। परंतु जहाँ अशोक सुंदर रक्तवर्णीय गंधरहित होता है वहाँ आम्र-मंजरी हलके पीले हरे रंग के नन्हे-नन्हे साधारण पुष्पों का गुच्छा है परंतु अत्यंत सुगंधित। दोनों ही कामदेव के अस्त्र हैं। काम को उद्दीप्त करते हैं, काम की पूजा में अर्पित होते हैं, परंतु रूप-गंध में एकदम भिन्न हैं। आम्र-मंजरी ने अपनी गंध से संस्कृत कवियों को आलोड़ित कर दिया है तो अशोक ने अपने रक्तवर्णीय पुष्पों द्वारा। आम में नन्ही-नन्ही हरे रँग-मंजरी, नन्हे-नन्हे मोतियों के समान एक गुच्छे के रूप में लगती हैं, यही हरे मोती के दाँनों जैसी कलियाँ हलके पीले श्वेत, हरी आभावाले फूलों में बदल जाती हैं। मंजरी में सुगंध आने लगती है और भौंरे मँडराने लगते हैं। एक मंजरी लेकर हथेली में मसलकर देखिए, पूरी हथेली सुगंध से भर जाएगी। शीत ऋतु अभी समाप्त भी नहीं होती, धूप में ऊष्मा भी नाममात्र की

होती है, परंतु दिन बड़े होने लगते हैं और शीत के कारण अंग सिकोड़े सिमटी पड़ी वनस्पति अँगड़ाई लेने लगती है तब आम पर मंजरी आनी शुरू हो जाती है। फाल्गुन मास आते-आते पूर्ण वृक्ष आम्र-मंजरी से लद जाता है। ताम्रवर्णीय नवकिसलयों के बीच हरी सफेद मंजरी नवजीवन का संदेश लेकर आती है। हवा में कसैली गंध फैलने लगती है। हिंदी में इस मंजरी को 'बौर' भी कहते हैं। संभवत: बौरा देनेवाली सुगंध के कारण ही आम्रवृक्ष का मौर, बौर कहलाने लगा। लाल, श्वेत, हरित हलके पीले रंग के इस आच्छादन में जब सुगंध भर जाती है तब वह अपूर्व दृश्य होता है। **कुमारसंभव** में मंजरी के विषय में कहा है–

अप्रतर्क्यविधियोगनिर्मितामाम्रतेव सहकारतां ययौ।।

वसंत ऋतु में ब्रह्माजी की कृपा से आम्रवृक्ष अपनी पहली शोभा छोड़कर और भी सुगंधित होने के कारण सहकार बन जाता है। इंद्र की रोमांचपूर्ण रोमावलि की तुलना असंख्य मंजरियों से भरे आम्रवृक्ष से करने की कल्पना कालिदास ही कर सकते हैं–**रोमालिभि: स्वर्गपतिर्बभासे पुष्पोत्कराकीर्ण इवाम्रशाखी।।**

संस्कृत में उक्ति मिलती है–*आम्रश्चूतो रसालोऽसौ सहकारोऽतिसौरभ:।* सहकार, चूत, रसाल, आम्र आदि नामों से आम को पुकारा गया। सहकार, चूत, मंजरी, कोरक आम्र-मंजरी के ही पर्याय हैं। कालिदास ने **अभिज्ञान शाकुंतलम्** में आम्र-मंजरी को ऋतु मंगल कहा है–

आताम्रहरितपाण्डुर जीवितसर्वं वसन्तमासस्य।
दृष्टोऽसि चूतकोरक! ऋतु मङ्गल! त्वां प्रसादयामि।।

हे आम्र-मंजरी, तुम्हारा लाल, हरा, सफेद, दूधिया सभी कुछ वसन्त मास का जीवन है, तुम ऋतु का माङ्गल्य हो, मैं तुम्हें प्रसन्न करूँगी। **अभिज्ञान शाकुन्तलम्** में ही वसन्तोत्सव के समय 'चूत कलिका भंग' नामक प्रक्रिया का भी विवरण आता है। आम्र-मंजरी को तोड़कर कामदेव को समर्पित करते हैं। शांति निकेतन में आज भी फाल्गुन पूर्णिमा के दिन मनाए जानेवाले 'दोल उत्सव' के अवसर पर आम्र-मंजरी को कान पर धारण करके गाते-बजाते लोग समूहों में नृत्य करते हैं। समय के गह्वर में खो गई इस परंपरा को वहाँ पुनर्जीवित कर दिया गया है।

आम्र-मंजरी में एक कसैलापन होता है। कविवर धर्मवीर भारती की **कनुप्रिया** में राधा की मांग आम्र-मंजरी से भर देते हैं। अब मंजरी कान से और ऊपर सिर के आसन पर प्रतिष्ठित हो गई। राधा कहती है–

आम के बौर की महक तुर्श होती है
वह आम की ताजी क्वारी तुर्श मंजरी मैं ही थी
और तुमने मुझसे ही मेरी माँग भर दी।...

कवि की भी क्या-क्या कल्पना होती है ! कालिदास की शकुंतला नवमल्लिका लता का विवाह आश्रम में उगे सहकार वृक्ष के साथ कर देती है और नव मल्लिका को विवाहोपरांत नया नाम देती है। 'वनज्योत्सना'। जिस प्रकार जापान में आज भी चेरी फूल चेरी फल से भी अधिक विशिष्ट माना जाता है उसी प्रकार भारत में भी प्राचीन काल में आम के फल के बजाय आम्र-मंजरी की अधिक प्रतिष्ठा थी। चेरी वृक्ष पर पुष्पोद्गम होने पर बड़े ही जोरशोर से 'चेरी उत्सव' मनाया जाता है। इस उत्सव में सम्मिलित होने व देखने के लिए दूर दूर से लोग जापान पहुँचते हैं। वसंत आगमन पर 'अशोक दोहद' और 'आम्र-मंजरी पुष्पोदगम्' का उत्सव मनाये जाने की प्रथा का उल्लेख संस्कृत साहित्य में कई स्थानों पर मिलता है। अब तो आम्र-मंजरी की जगह आम के फल ने ले ली है। यह सामाजिक विचारधारा के परिवर्तन की ओर संकेत करता है। सौंदर्य व सुगंध से ही प्रसन्न होनेवाले अब फल प्राप्ति की ओर मुड़ गए हैं। मध्ययुगीन भारत में आम्रकुंज, आम्र वाटिकाओं का वर्णन भी बहुत मिलता है। आर्थिक रूप से सम्पन्न लोगों की शहर से बाहर आमों की वाटिका होती थी जहाँ पर वे आमोद-प्रमोद हेतु मित्र-बांधवों समेत जाया करते थे। सावन मास में आम के बागों में जिन्हें अमराई कहा जाता है, झूले डाले जाते और युवतियाँ गीत गाते हुए झूला झूलतीं... ये झूले अक्सर आम की डाल पर ही डाले जाते थे।

नन्ही नन्ही बुंदिया रे सावन का मेरा झूलना
इक झूला डाला मैंने अंबुआ की डाल पर
लंबी लंबी पींगे रे... सावन का मेरा झूलना।

आम्र वाटिकाओं का वर्णन बौद्ध गाथाओं में भी मिलता है। इस युग की एक बहुत ही प्रसिद्ध कथा है वैशाली की राजनर्तकी की, जिसे बाद में आम्रपाली नाम मिला। यह सुंदरी नर्तकी जब बुद्ध के प्रति समर्पित हो गई तब बुद्ध से प्रभावित हो इसने अपना जीवन समाज के दीन-दुखियों की सेवा में समर्पित क़र दिया। तथागत के आदेश पर अपना राजसी वैभव त्याग कर शहर के बाहर अपने आम के बाग में रहने लगी। यही सुंदरी नर्तकी आम्रपाली नाम से अमर हो गई। आम के वृक्षों की सघनता के कारण सम्राट अशोक एवं हर्ष ने सड़कों एवं कुओं के किनारे आम के भी वृक्ष लगवाये, ताकि ठंडी छाया में आराम करके थका पथिक फल द्वारा क्षुधा शांत कर सके। मुगल बादशाह बाबर ने अपने **बाबरनामा** में फल का जिक्र किया–"आम हिंदोस्तान का एक विचित्र एवं खास फल है और इसे अंब कहकर पुकारते हैं। इसे कच्चा ही तोड़ लिया जाता है और कमरे में रखकर पकाया जाता है। यह भारत का सबसे बढ़िया फल है।'' दौलत खान युसूफ खाई ने शहद में संरक्षित आमों का उपहार बाबर को भेजा था।

वास्तव में इस फल का सुंदर रंग, अनोखी आकृति और मधुर सुगंधित गूदे ने सभी को आकर्षित किया। पके आम से लदे वृक्ष अपने आप में कम सुंदर नहीं होते। सुनहरे पीले लाल रंग के फल हरे पत्तों के बीच में लटकते देख किसका मन तोड़ लेने को

लालायित नहीं हो उठता ! ग़ालिब भी आमों के बहुत शौकीन थे, उनके विषय में यह किस्सा तो प्रसिद्ध है ही। किसी शायर के द्वारा नापसंदी के कारण आम्र न खाए जाने पर कहा गया है कि गदहे ही आम नहीं खाते। सचमुच लगता नहीं कोई ऐसा प्राणी होगा जो आम को पसंद न करता हो। ब्रिटिश लोगों का भी यह प्रिय फल रहा। भारत में आने के बाद जहाँ अन्य मूल्यवान् वस्तुएँ ब्रिटेन को निर्यात की गईं, वहीं आम भी जहाजों में भरकर भेजा जाता रहा। 1917 की **टाइम्स** की एक कतरन के अनुसार बंबई से रोज 250 से 300 टोकरी अलफ़ांजो आम ब्रिटेन को जहाज द्वारा भेजा जाता था। संभवतः यहीं से कच्चा आम समय से ही पहले तोड़कर भेजने की प्रथा शुरू हो गई होगी...अन्यथा उत्तर भारत में तो लोग पेड़ का पका आम ही खरीदते थे। आम के बागों में सुबह-सुबह मंडी लग जाती थी, और पेड़ का पका आम ही सर्वोत्कृष्ट व स्वादिष्ट समझा जाता था। समय से पहले ही तोड़कर अपरिपक्व अवस्था में पकाने से आम आम नहीं रहता... केवल फल रह जाता है... न उसमें स्वाद होता है न ही सुगंध।

भारत में इस समय लगभग छह सौ किस्मों का आम पाया जाता है। दक्षिण भारत में आम की फसल जनवरी में ही आनी शुरू हो जाती है अप्रैल के अंत में बंबई, महाराष्ट्र का आम आ जाता है और सबसे अंत में आता है उत्तर भारत का आम–जून-जुलाई-अगस्त में। दक्षिण का बेनिशान, नीलम, रसाल, बंबई का अलफ़ांजो जिसे हापुस भी कहते हैं, व उत्तर का दशहरी, सफेदा, लंगड़ा, चौसा, सरौली आदि अत्यंत स्वादिष्ट किस्में हैं। आजकल कुछ नई संकर किस्में भी बनी हैं परंतु बाजार में अभी बिकने के लिए नहीं पहुँची हैं... जिसमें नीलम+दशहरी की आम्रपाली व मल्लिका किस्में। कृषि वैज्ञानिकों के अनुसार ये दोनों बहुत ही उत्तम किस्में हैं और फसल की दृष्टि से भी लाभदायक हैं। इसके अतिरिक्त चूसनेवाला आम होता है जो कि आकार में छोटा परंतु रसीला खट्टा-मीठा होता है। आम भी क्या खाया यदि चूसा नहीं। बच्चों के लिए तो आम की फाँक से उसकी गुठली अधिक महत्त्वपूर्ण होती है। जरा उस दृश्य की कल्पना कीजिए जब वर्षा में भीगते बच्चे केवल कच्छा-बनियान पहने आम चूस रहे हों... जी हाँ, यही तरीका होता था आम खाने का। जब बागों से टोकरे भरकर चूसनेवाले आम आते थे। आम के रस का निशान कपड़े से नहीं उतरता है, इसीलिए माताएँ बहुत सावधान रहती थीं। परंतु अब तो न उतनी अमराई रही न उतने आम के बाग। मनुष्य की लालसा के कारण कट गए और कटते जा रहे हैं, क्योंकि चूसनेवाला छोटा आम व्यापारिक दृष्टि से लाभप्रद नहीं माना जाता। आज भी भारत में सौ वर्ष से अधिक पुराने घने छायादार आम के वृक्ष मिलते हैं।

आम वास्तव में अत्यंत गुणकारी फल है। कच्चा आम जिसे अमिया या कैरी भी कहते हैं, भारतीय रसोई की रानी है। कच्चे आम की हरी चटनी, पन्ना, अचार, खट्टी-मीठी चटनी, मुरब्बा बनाया जाता है। कच्चा आम ठंडा तो होता ही है साथ ही अजीर्ण लू का सर्वोत्कृष्ट उपचार है। वैद्यक के अनुसार इसमें अनेक खनिज लवण और लौह प्रचुर मात्रा में होता है। कच्चे आम व पके आम का सेवन स्वास्थ्य की दृष्टि से बहुत उत्तम

माना जाता है। अभी भी ऐसे लोग मिलेंगे जो के आम के मौसम में केवल पका आम व दूध का ही भोजन पूरे सवा महीने करते हैं जिसे 'कल्प' कहते हैं। परंतु अब कल्प केवल अमीरों के बस की बात रह गया है वैसे भी कैमीकल द्वारा पकाया आम अच्छा नहीं माना जाता, इसके लिए पेड़ का पका आम ही ठीक रहता है। कच्चे आम को सुखाकर आमचूर व पके आम के रस को सुखाकर अमावट या आम-पापड़ बनाया जाता है। यही नहीं, इसके पत्ते व गुठली का बाजा-पिपहरी बजाते हुए गाँव में इधर-उधर दौड़ लगाते बच्चे आज भी मिल जाएँगे।

लीजिए बात आम्र-मंजरी से शुरू होकर कहाँ पहुँच गई ! कहाँ काम को प्रदीप्त करनेवाली आम्र-मंजरी और कहाँ रूप-रस-गंधयुक्त आम ! पेट के आगे तो कामदेव के भी शस्त्र निरर्थक हो जाते हैं। आज मंजरी भी भोज्य पदार्थ न हो ऐसा नहीं। 'आम्र पुष्प भक्षम्' नाम के एक पर्व का उल्लेख मिलता है, जिसके लिए यह निर्देश था कि चैत्र शुक्ल प्रतिपदा को आम्र-मंजरी का सेवन करना चाहिए। कामदेव के दूसरे प्रतीक अशोक का जो हाल हुआ वही आम्र-मंजरी का भी। कामदेव का पल्ला झाड़कर अशोक की भाँति यह भी मांगल्य का प्रतीक बन गई। इसी में इसकी सुरक्षा भी हुई। मांगलिक अवसरों पर घरों के द्वार पर आम्र पल्लव के बंदनवार एवं आम्र पल्लव को मंगल कलश में स्थापित करने की परंपरा आज भी है। बेचारी मंजरी समय के गह्वर में न जाने कहाँ लुप्त हो गई, रह गए पल्लव और उससे भी विशिष्ट आम। समय की यही विडंबना है। कालिदास बेचारे आम्र-मंजरी में ही भूले रहे और खानेवाले आम का फल तोड़कर ले गए। संभवत: आम्र मंजरी की इस वेदना को कविगुरु ने समझा–

ओ मंजरी, ओ मंजरी, आमेर मंजरी
आज हृदय तोमार उदास हये पड़छे कि झरि
आमार गान ये तोमार गंधे मिशे दिशे दिशे
फिरे फिरे फेरे गुञ्जरि।

'ओ आम्र मंजरी ! आज तुम्हारा हृदय क्या उदासीन होकर झरा जा रहा है ? मेरा गान तुम्हारे गंध में घुलमिल कर प्रत्येक दिशा में लौट-लौट कर गुंजरित होता फिरता है।'

●●●